どこでも通用するマネジャー
になるための
ピープルマネジメント講座

1on1《ワン オン ワン》マネジメント

エム・アイ・アソシエイツ
松丘啓司

FIRST
ファーストプレス

出版に寄せて

HRエグゼクティブコンソーシアム
代表　楠田　祐

なぜ、ピープルマネジメントが重視され始めているか？　働き方改革による労働時間の短縮やテレワークの導入などに伴って、多様な働き方が増えていくことが予想される。社員は必ずしも決まった時間に会社にいる必要はなく、勤務時間中にマネジャーとメンバーが話をしなくても業務を遂行することが可能な環境になっていく。ややもすると、朝に「おはよう」も言わず、夕方に「お先に失礼します」も言わずに帰っても仕事はできてしまう。マネジャーとメンバーが目と目を合わせて会話をする時間や機会が、今まで以上に減っていくに違いない。

多くの日本企業では、目標の進捗確認や評価のために定期的な面談を実施しているものの、メンバーと膝を突き合わせて、何かについてじっくり話をする機会はほとんどないのではなかろうか。しかし今後は、マネジャーとメンバーが頻繁にコミュニケーションの機会をもつことが重要になってくる。今までのように、期初と期末にだけ話をしているのでは、ビジネスの変化にアジャイルに対応することができなくなってくるからだ。

頻繁にコミュニケーションをとるといっても、従来のように上から目標を落としてその進捗を管理したり、メンバーのアクションに対して「これはこうすべき」とティーチングしたりするのではない。マネジャーには、メンバーに対して適切な質問をして、メンバー自身の考えや思いを引き出して形にしていくコーチング技術などが求められる。マネジャーがメンバーにすべてを教えるには限界があることに加え、目標そのものが絶えず変化していくからだ。

これまでは、上から与えた目標の達成度合いを管理することがマネジャーの役割であったのに対して、これからは、メンバー自身が「自分で目標を考え、それに対するアクションを行い、振り返りをして次に生かす」ために、「支援」をすることがマネジャーの役割なのだ。中でも、適切なフィードバックを行うことでメンバーの成長を促すためのスキルを磨くことは、マネジャーにとって必須となるだろう。マネジャーになってから慌ててピープルマネジメントの方法を学ぶのではなく、今後はピープルマネジメント能力の高い人材が管理職として登用される時代がくるだろう。

　また、ピープルマネジメントがより効果的に行われるように、ウェブサービスやスマホアプリなども活用されるようになっていくに違いない。特にＳＮＳなどによって、リアルタイムで反応があるのが当たり前の若い世代にとっては、そういったツールはコミュニケーションの大きな助けになるだろう。

　今後、ピープルマネジメント能力のあるマネジャーは、どこでも通用する人材になるに違いない。本書では、１ｏｎ１の実践を通じて、マネジャーたちがそのようなスキルを磨いていくためのヒントがわかりやすく解説されている。部下を持つ可能性のあるすべてのビジネスパーソンのバイブルとして、ぜひ身近に置いておいてほしい一冊である。

はじめに
マネジャーたちへのメッセージ

マネジャーの最大の仕事は、文字通り「マネジメント」です。中でも人のマネジメントに対する経営や社会からの期待が非常に高まっています。人のマネジメントというと、労務管理や組織管理などの言葉が示すように、問題を起こさないように管理することをイメージする人もいるかも知れませんが、今日、求められているのは人材の潜在的な価値を引き出し、パフォーマンスを高めるためのマネジメントです。そのようなマネジメントを本書では「ピープルマネジメント」と呼んでいます。

ピープルマネジメントの必要性が高まっているにも関わらず、大多数の日本企業においては、ピープルマネジメントができるマネジャーの育成が行われてきませんでした。その最大の要因は20年ほど前に導入された成果主義人事の仕組みにあります。成果主義人事においては、組織の上から目標を与えてその達成度によって人事評価を行うことが徹底されため、目標の達成度管理を行うことがミドルマネジャーの主な役割となってしまったためです。結果としての数字やそれに至るプロセスの管理が中心となり、個人のパフォーマンスを最大限に引き出すためにはどうすればよいか、といった個人起点の視点は後回しにされてきました。

しかし、日本国内の人口減少が続く中で、たとえば、売上目標を上から与えてどれだけ厳格に管理したところで、売上は増えないことが誰の目にも明らかになってきています。これまでと同じことを続けている限り、売上が増えることはあり得ません。これまでとは異なる価値を生み出さない限り、企業が成長を続けることはできないのです。ただ、逆の見方をすれば、ここにチャンスがあるともいえます。これまでは管理することに追われてピープルマネジメントが行われてこなかったため、実はまだ見えていない成長の可能性が残されているのです。

社会は急速にデジタル化し、新たなイノベーションが次々と起こっています。まったく新しいビジネスモデルを創り出すようなイノベーションばかりでなく、現場におけるさまざまな工夫によって、小さなイノベーションをたくさん生み出すことが可能です。ただし、そのためには、組織の中でこれまでに培われたやり方を同じように続けるのではなく、個々人によって異なる発想や行動を活かすことが不可欠となります。技術の進歩などの環境の変化がイノベーションを起こすのではなく、そのような環境の中にいる1人ひとりの人がイノベーションを起こす起点となるのです。

メンバー個々人の潜在的な可能性を引き出すためには、マネジャーによるピープルマネジメントが不可欠です。したがって、これからの企業の成長はピープルマネジメントスキルが左右するといっても過言ではありません。そのような重要なスキルでありながら、ピープルマネジメントスキルは現時点ではきわめて「希少」です。だからこそ、それを磨くことによって、マネジャー自身の価値が大きく高められるのです。

「スキル」という表現を使いましたが、個別のテクニック以前に、基本的な考え方が重要です。なぜなら、人のマネジメントに関するさまざまな見解が世の中に溢れているからです。たとえば、「目標は上から与えるものだ」と主張する人もいれば、「目標は個人に考えさせる必要がある」と主張する人もいます。「メンバーには厳しく接しなければならない」と考える人もいれば、「メンバーには寄り添うように接するのがあるべきマネジャーだ」と考える人もいます。

あるいは、過去に上司から教えられてきたやり方が今の若者には通用しないことに悩んでいるマネジャーも少なくないでしょう。それは、世代によって価値観やライフスタイルが変わったことだけではなく、マネジメントの考え方自体が変化の過渡期にあることにも起因しています。そのような環境の中で、何をどう考えればよいのか、メンバーに対してどのような立ち位置で接すればよいのかがよくわからなくなっているマネジャーが少なくないと思います。

マネジャー自身が、「マネジメントはかくあるべきだ」「メンバーにはこのような立ち位置で接する必要がある」と確信することができれば、具体的な行動を考えることはさほど難しくないでしょう。マネジャーにはそれを考えるために必要な社会経験が十分にあるからです。

そこで本書では、現場で悩めるマネジャーの皆さんに対して、ピープルマネジメントの指針を明確に提示することを目的としています。ピープルマネジメントはメンバーとのコミュニケーションを通じて行われるため、そのための場として「1on1（ワンオンワン）」を提案していますが、会社の制度として1on1が導入されていなくても、ピープルマネジメントは実践可能です。

本書を活用して、マネジャーの皆さんが独自の工夫を加えながら、ピープルマネジメントを実践されることを願ってやみません。

2018年3月

松丘 啓司

1on1マネジメント――◉目次

第5章 目標設定を支援する

第6章 キャリア開発を支援する

序章

ピープルマネジメントとは

1　過去からの経緯

「ピープルマネジメント」は、日本ではまだあまり聞きなれない言葉です。文字通り、人々をマネジメントすることを意味していますが、「ピープル」と複数形になっているところがポイントです。特定の人だけをマネジメントするのではなく、すべての人々を対象にしていることから、「ピープルマネジメント」と呼ばれているのです。では、ピープルの対極にある特定の人とは誰かというと、それは一部の優秀人材を指しています。

2000年前後のドットコムバブルの頃、アメリカで優秀な人材の取り合い競争が起こりました。その際に、優秀人材を指して「タレント」という言葉が用いられました。それ以降、才能のある人材を採用して、幹部候補として育成していくための人材マネジメントのことを、「タレントマネジメント」と呼ぶようになりました。

長い間、アメリカにおける人材マネジメントの主流はタレントマネジメントでした。企業は将来の経営幹部候補を発掘・選抜して、特別な人材開発プログラムを提供するというエリート教育を行ってきました。今日でもタレントマネジメント（注：近年では人材マネジメント全般を指してタレントマネジメントと呼ばれることもあります）の必要性がなくなったわけではありませんが、後に述べるように、一部のリーダーを育てるだけでは成果があがらない時代になってきたのです。そのため、ピープルマネジメントが脚光を浴びるようになってきました。

一方、日本企業について振り返ってみましょう。その昔、従業員を大切にマネジメントすることが日本企業の強みと言われた時代が長くありました。年功序列・終身雇用が前提のかつての日本企業では、マネジャーとメンバーの家族的な付き合いが一般的でした。マネジャーとメンバーは互いを公私にわたってよく理解した上で、仕事をともにしていました。年功主義のため、従業員に差を付ける必要もなかったので、1人ひとりを大切にするマネジメントが重視されていたのです。

ところが、バブル経済が崩壊した1990年代半ば以降に導入された成果主義人事の仕組みが、日本企業におけるマネジメントの方法を大きく変えました。厳格な目標管理制度が採用された結果、マネジメントの力点は人を大切にすることから、目標の達成度を管理することに移りました。マネジャーは結果の数字や途中のＫＰＩを管理することに追われ、

1人ひとりを動機づけたり、成長させたりするためのマネジメントは希薄化していきました。

成果主義の導入以来、ほぼ20年が経過しました。この20年という期間が重要な意味を持っています。なぜなら、20年経つとマネジャーがほぼ入れ替わるからです。そのため、現在のマネジャーの大半は、成果主義以外のマネジメントを経験したことがありません。つまり、ピープルマネジメントの方法を上司から教わったことも、実践したこともないマネジャーがほとんどを占めているのが実情なのです。だからこそ逆に、ピープルマネジメントスキルが貴重になるのです。

ピープルマネジメントは、「ピープル」と複数形で表現されますが、その内容は1人ひとりに応じたマネジメントを行うことです。企業の現場にいるマネジャーの多くは、1人ひとりに合ったマネジメントの必要性に薄々、気づいています。若い世代のメンバーには、自分たちの頃のやり方が通用しないことはわかっています。年上のメンバーに対して管理型のマネジメントを行なおうとしたら、軋轢が生じます。結局、1人ひとりに対して、異なる対応が必要とされるのです。

そのための場として注目されてきているのが、マネジャーとメンバーによる1on1の対話です。

2 1on1の対話が目指すこと

義務的な面談から充実した体験へ

ピープルマネジメントは、主にマネジャーとメンバーとの1対1の面談によるコミュニケーションを通じて行われます。これまで多くの会社の目標管理制度では、そのような1対1の面談は、年初に目標を立てる時、上期が終わった時、年度末に評価の結果をフィードバックする時の3回くらいしかありませんでした。

多くの会社において、目標管理面談の目的はメンバーの成長を支援してパフォーマンス（発揮能力と業績）を高めることと定義されています。ところが、1対1の面談のタイミングは、入口と折り返し地点と出口のみです。メンバーの成長は期中の業務経験を通じて継続的に行われるため、始めと終わりだけ面談しても実際にはパフォーマンス向上にあまり役立ちません。そのために、年に3回の面談すらも形骸化してしまっている企業が少なくありません。

そこで期の途中でもっと頻繁に面談を行って、リアルタイムで振り返りと軌道修正を行いながら、パフォーマンス向上を支援していこうとするために導入されているのが1on1(ワンオンワン)です。アメリカの企業では過去数年で一斉に採用され、会社によっては「チェックイン」などの名称が用いられていますが、マネジャーとメンバーの1対1の対話を指して、一般的に1on1と呼ばれています。

1on1をどの程度の頻度で実施するかは会社やチームの状況によって異なります。月に最低1回をガイドラインとして設けている会社もあれば、毎週や隔週の会社もあります。また、特に実施頻度のガイドラインは設けずに、必要なときに速やかに実施することを現場の判断に任せている会社もあります。

1on1の特徴は、ただ面談の頻度を増やすということだけではありません。それ以上にその内容が重要です。従来の目標管理面談では上から目標を与えてその達成度について確認するような内容が多くを占めていました。このような目標の達成度による管理は、非常に外発的な動機付けの方法です。極端な言い方をするなら、「目標を達成すれば評価してやるからがんばれ」と動機付けるのです。外発的な管理をこれまでよりも多頻度で行うのは、メンバーから管理強化と感じられ、意欲が向上するというよりも逆効果になってしまう恐れがあります。

これまでの目標管理面談はどちらかというと義務的な業務として捉えられていました。メンバーだけでなくマネジャーにとっても、本当はあまりやりたくはないが仕事だから仕方なくやっている、と感じていた人が多かったことでしょう。そのような状態で、面談の頻度を増やしてもパフォーマンス向上にはつながりません。したがって、1on1における対話は、「やってよかった」「またやりたい」と感じられる体験にしなければなりません。そのためには、1on1がメンバー本人にとって、気づき、学び、成長実感などを豊富に得られる場としてデザインされることが重要です。

組織と個人をつなぐ「場」

1on1は充実した体験が得られる「場」でなければならないと述べましたが、このことについてもう少し詳しく述べたいと思います。

図1｜ピープルマネジメントの目的

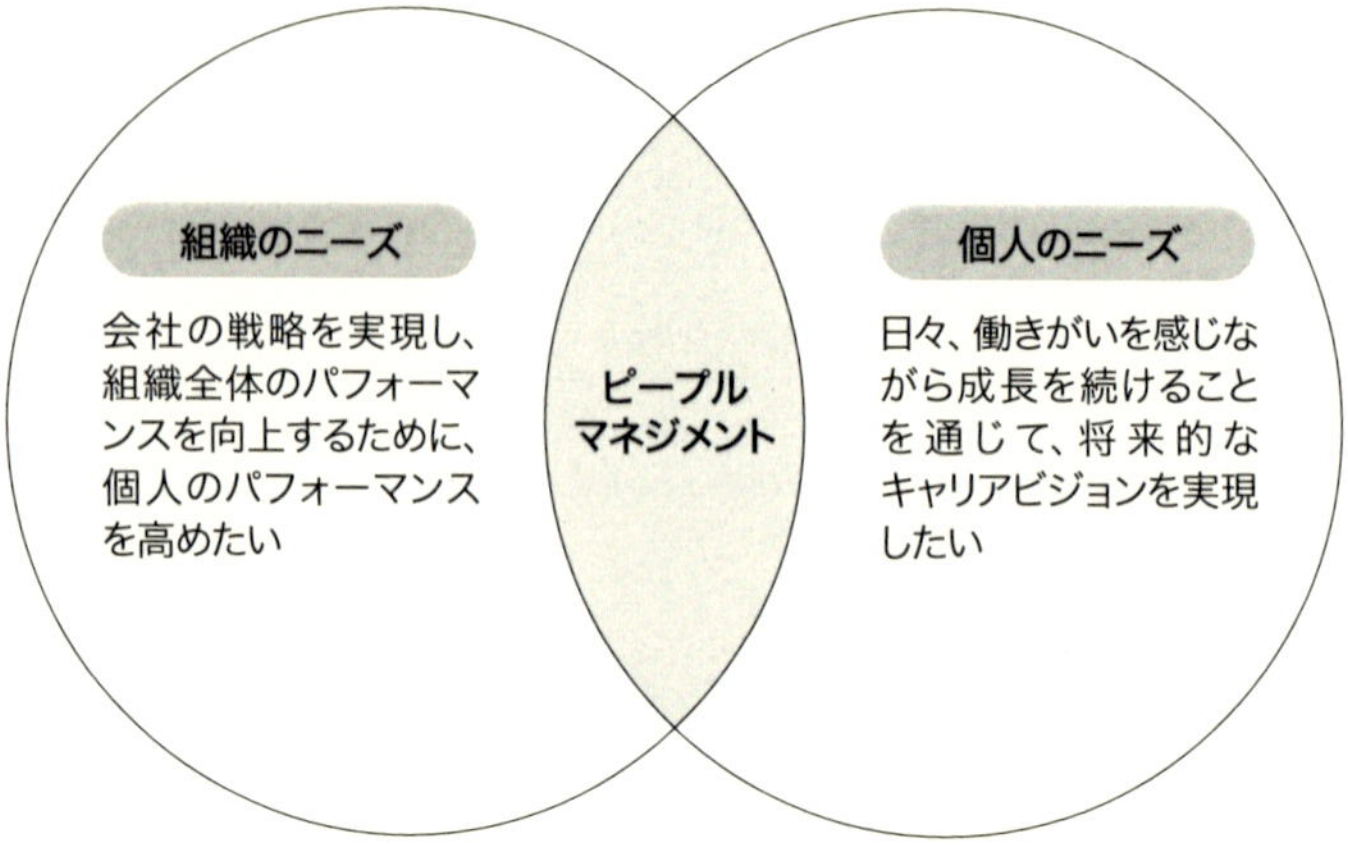
組織のニーズ
会社の戦略を実現し、組織全体のパフォーマンスを向上するために、個人のパフォーマンスを高めたい
ピープルマネジメント
個人のニーズ
日々、働きがいを感じながら成長を続けることを通じて、将来的なキャリアビジョンを実現したい

そもそもピープルマネジメントを何のために行うかというと、個人のパフォーマンスを高めるためです。さらに、個人のパフォーマンス向上を通じて、組織のパフォーマンスを高めることがねらいとされています。ただし、その目的は会社や組織からの見方と、個人からの見方では少し異なります（**図1**）。

会社や組織からすると、個人のパフォーマンスを向上することの目的は、企業の戦略を実現して組織全体のパフォーマンスを高めることです。最終的には、会社全体のパフォーマンスが高まらなければ意味がありません。一方で個人からすると、パフォーマンス向上の目的は、日々、働きがいを感じながら成長を続けることを通じて、将来的なキャリアビジョンを実現できるようになることといえます。自分自身の働きがい、成長、自己実現などの実感が得られることによって、パフォーマンス向上の努力を続けることができるのです。

したがって、会社や組織にとってのニーズと個人にとってのニーズは両立されなければなりません。どちらか片方のニーズが満たされるだけでは、持続的なパフォーマンス向上が実現しないからです。そこで、双方のニーズを重ねあわせたり、すり合わせたりする場が必要となります。その場が1on1なのです。マネジャーとメンバーの頻繁で継続的な対話によって、このすり合わせが行われます。1on1はピープルマネジメントにおける扇の要のような位置付けにあるといえます。

1on1における対話の内容

さて、1on1ではその対話の内容が重要です。ただ頻繁に会って、話をしていればよいわけではありません。もちろん、趣味の話や家族の話などをしても構いません。けれども、それだけで終わってしまってはただのおしゃべりです。一見、雑談であっても、それが1on1のねらいに資するのであれば十分に意味があります。

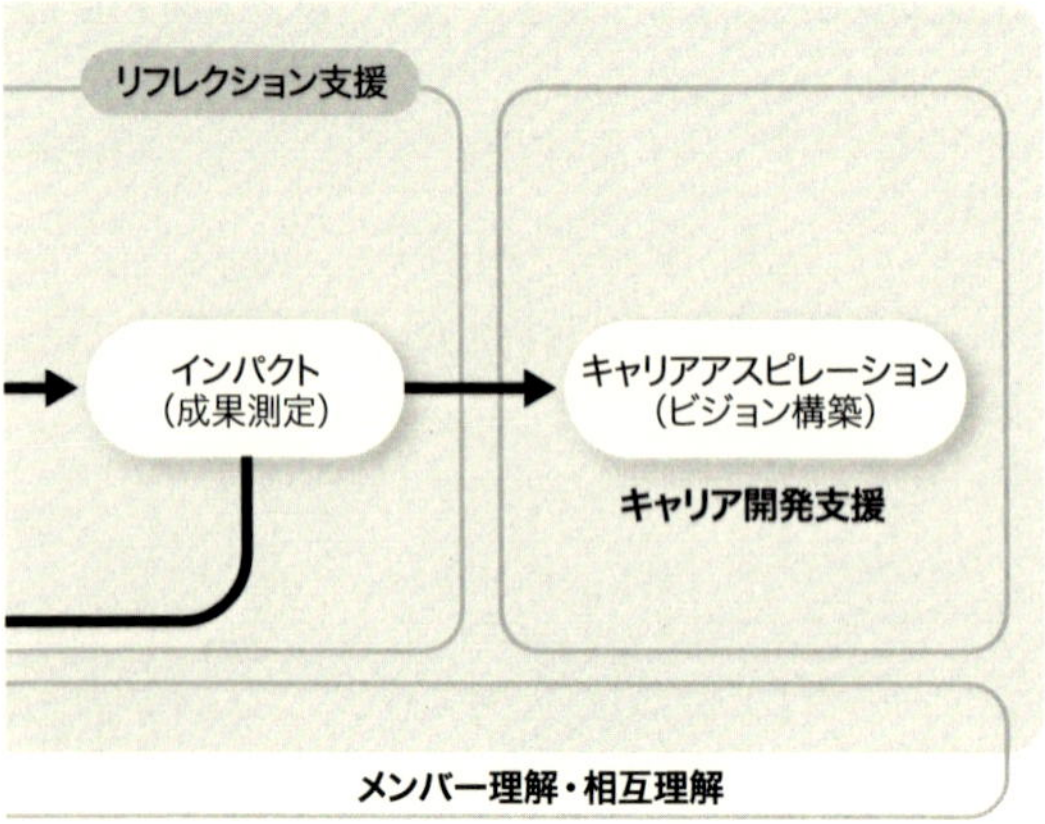

その１ｏｎ１においてマネジャーが行うのは、メンバーの成長とパフォーマンス向上を支援することです。１ｏｎ１での対話の内容は、そのねらいに関連する必要があります。

昔ながらの目標管理に親しんだマネジャーの中には、１ｏｎ１のようなアプローチは甘いと感じられる人も少なくないのではないかと思われます。しかし、１ｏｎ１はけっしてメンバーを甘やかすためにあるのではありません。成長したり、パフォーマンスを向上したりするのは本人であり、マネジャーが代わってあげることはできません。それはあくまでも本人の自己責任ですが、マネジャーはメンバーの成長とパフォーマンス向上を支援するという役割を担っていると定義されます。

１ｏｎ１において何を話すかを考

図2｜1on1の全体像

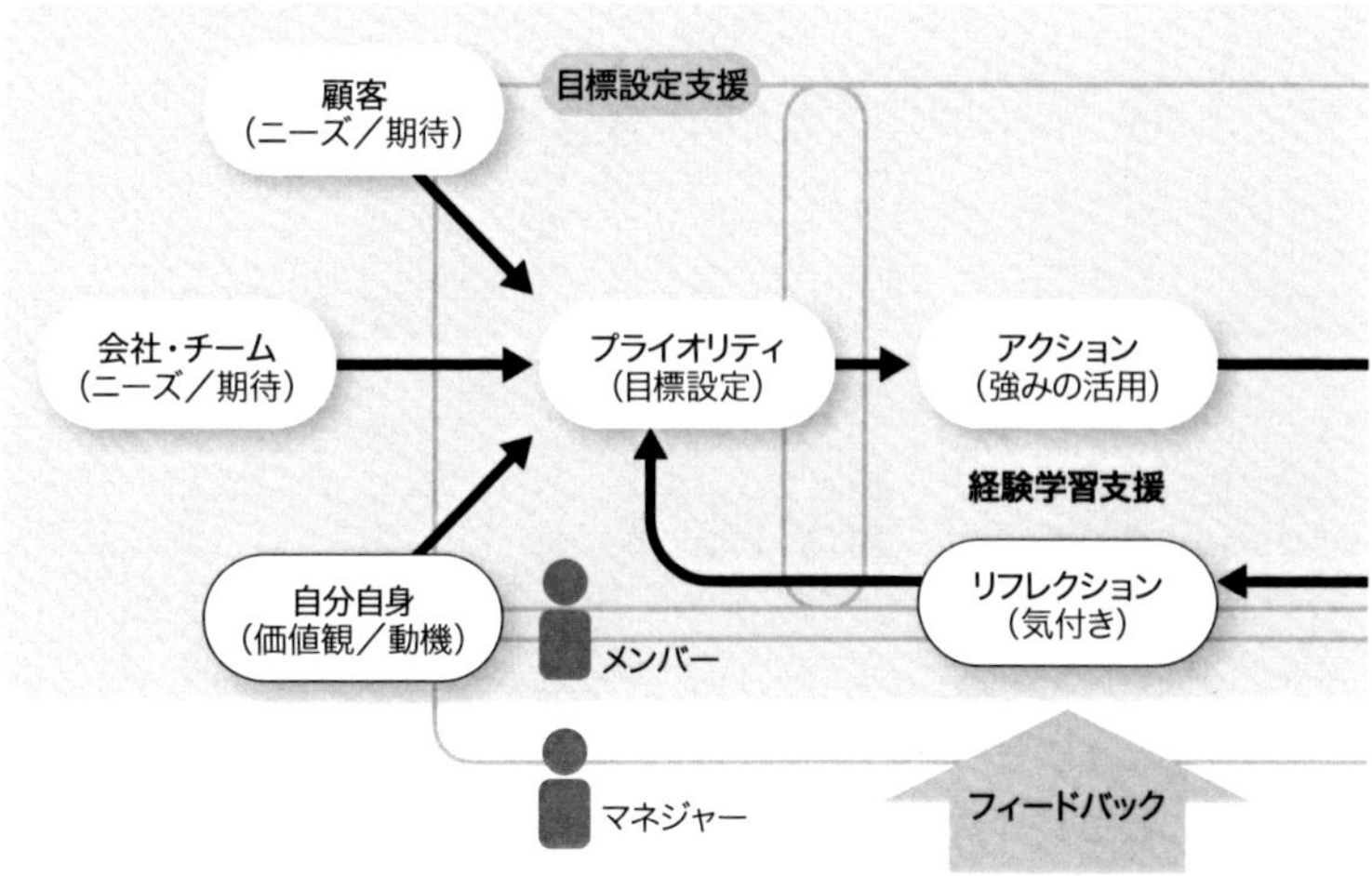

える際には、1on1の結果、メンバーにどのようになってもらいたいか、という目指す姿を明確にしておくことが必要です。逆にいうと、目指す姿につながるのであれば何を話してもよいのです。その目指す姿を**図2**に掲げます。

●経験学習支援

1人ひとりのメンバーが自分で自分の目標設定を行えるようになる状態を目指します。その際には、お客様が何を期待しているか、会社や組織から何が期待されているか、そして自分自身は何をしたいのかを理解して、「今、プライオリティ（優先度）の高い目標はこれだ」「自分ならこれを目標にして貢献したい」といったゴールを設定することが必要です。

次に設定された目標の達成に向けて本人がアクションを行います。目標達成に向けたアクションの選択肢は多数あり得ますが、それを選択する際には自分の強みを活かすという基準が重要です。強みを活かすことによって高い目標の達成が可能となり、また、強みをどんどん伸ばすことで、その人らしい成長が実現されるからです。

アクションをすると何らかの結果が得られます。小さな成果もあれば、大きな成果もあることでしょう。また、うまくできたこともあれば、思ったような結果が出なかったこともあるに違いありません。アクションをやりっぱなしにするのではなく、得られた結果(インパクト）を測定することが必要です。

次にその結果を振り返ります。何がよかったのか、うまくいかなかった原因は何か。自分はどう感じたのか、そのように感じたのはなぜかといったことを内省（リフレクション）します。そうすると、そこから何らかの気づきが得られます。その気づきを踏まえて、「次はあそこを目指そう」「こんなアプローチも試してみよう」と、次なる目標やアクションを考えることができます。

この一連のサイクルが経験学習です。仕事を通じた学びは、この経験学習から得られます。したがって、メンバーの成長はこのような経験学習をどれだけ効果的に行えるかにかかっているのです。経験学習を行うのは本人ですが、マネジャーはメンバーの経験学習がより意義あるものとなるように、フィードバックやアドバイスを提供して支援するのです。

●キャリア開発支援

目標設定と振り返りは、目の前の仕事を通じて行われます。環境変化のサイクルが短くなってくると、経験学習のサイクルも同様に短縮されていきます。そのため、これからの経験学習は、いわば「せわしない」ものになります。その際に、せわしなく経験学習を繰り返した先はどうなるのだろう、というイメージを持っていることが重要です。それによって、自分が向かっている方向を確認しながら、目の前の仕事に取り組むことができるようになるからです。

その将来イメージがキャリアビジョンです。通常は3年から5年くらい先のキャリアビジョンを描きます。キャリアビジョンとは、単に将来、どのような役職や職種に就きたいというキャリアの目標を立てることではありません。そこでどのように自分らしく活躍しているか、どんな存在になっていたいかをイメージできることが重要です。誰かと同じようにならなければいけないのではなく、自分ならどうなりたいかと考えるのがキャリアビジョンを描くことです。

実際は、自分のキャリアビジョンなどわからない、自分がどうなりたいかなど考えたことがない、というメンバーが少なくないでしょう。そのため多くの場合、マネジャーはメンバーがキャリアビジョンを考えるところから支援する必要があります。キャリアビジョンを描くのは本人ですが、マネジャーはメンバーのキャリアビジョンの実現を支援するという役割を担っているのです。

●メンバー理解・相互理解

メンバーの経験学習やキャリア開発を支援するためには、メンバーがどのような人であるかを理解しておくことが必要です。メンバーの経歴や有している専門性を理解することはさほど難しくありませんが、特に知っておくべきなのは表面的には見えにくい、「内の軸」です（**図3**）。

その「内の軸」とは、その人がどういうことに充実感ややりがいを感じるかという「内

図3|「内の軸」とは

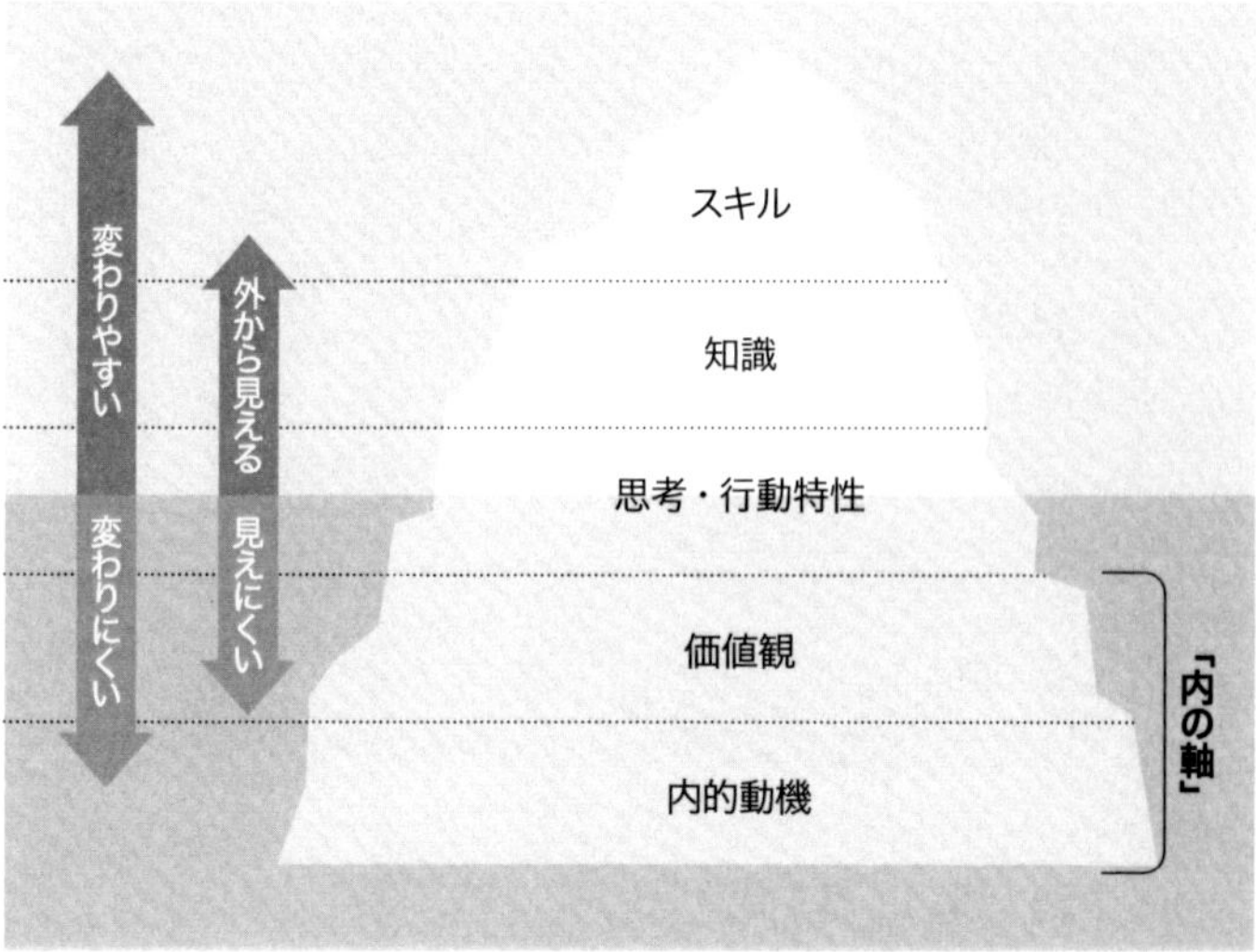

的動機」と、何を大切にしているかという「価値観」を指しています。それが、その人らしい考え方や行動を表す「思考・行動特性」の源泉となっています。たとえば、他人から感謝されることに喜びを感じる内的動機を有している人は、周囲の人のためになる選択を重視する価値観を大切にしていて、その結果、周囲に対して配慮したり積極的に関わったりする思考・行動特性が強く現れます。

このような「内の軸」は、人それぞれ異なります。それらは良し悪しや優劣ではなく、違いがあるということです。その違いこそが「強み」です。強みというと数学が得意とか、走るのが速いとかいったように、他の人と比較して相対的に優れている点がイメージされるかも知れませんが、それよりも他の人にはないものを持っているという差別化のニュアンスで捉える方が近いでしょう。

「内の軸」のいちばん下層にある内的動機の「動機」とは、英語でいうと「モチベーション」に当たります。その人のモチベーションが高まると、その人ならではの価値観による判断軸が強化され、その人らしい思考・行動特性が豊富に発揮されるようになります。それが氷山の上の方の専門的なスキルや知識を合わさって、仕事のパフォーマンスを高めるのです。逆に言うと仕事のパフォーマンスが高い時には、その人ならではの「内の軸」がよく働いているといえます。

けれども、「内の軸」は常に最高の状態にあるわけではありません。誰でもモチベーションが高い時もあれば低い時もあります。内的動機が満たされていなくてモチベーションが低い時には、その人の良さがまったく現れないばかりか、逆方向の行動になってしまうことさえあります。たとえば、他人から感謝されたい動機を持った人が、感謝されないのは感謝しない方が悪いと攻撃的になってしまうようなことが起こります。

そのため、マネジャーはメンバーの「内の軸」を知っておくだけではなく、今、どのような状態にあるかを把握しておかなければなりません。モチベーションが低下している際には、悩みを聞いてあげたりすることも必要です。

「内の軸」は強みであるだけではなく、その人のポテンシャルでもあります。キャリアビジョンを描く際には、その人らしい活躍の仕方をイメージすると述べましたが、その人らしさというのが「内の軸」に当たります。そのため、メンバー自身が自分の「内の軸」を理解していることが必要であると同時に、マネジャーもメンバーの「内の軸」を理解していることが求められるのです。

ただし、マネジャーがメンバーを理解するだけではなく、メンバーもマネジャーのことを知っている必要があります。対話は一方通行ではなく双方向なので、相互に理解し合うことによってコミュニケーションが深められるからです。たとえば、メンバーがマネジャーの価値観を知ることによって、「このマネジャーはそういう価値観を持っているから、いつもあそこにこだわるのか」といったことが理解できるため、マネジャーの発言や行動の意図をより深く理解できるようになります。

1on1の対話では、その時の状況に応じて、上に述べた経験学習支援、キャリア開発支援、メンバー理解・相互理解のどこかのトピックについて話せばよいのです。たとえば、「普段、どういう時に充実感を感じる？」とか、「今のモチベーションは何点？」とかいった質問によって、メンバー理解について話題にすることができます。あるいは、「今日は来期の目標について話そう」とか、「この前のプロジェクトを振り返って何に気づいた？」とか、「次にどんなアクションを試してみたい？」いったように、経験学習支援のどこか一部を取り上げて話題にしてもよいでしょう。また、「たまには将来のキャリアについて話してみよう」とか、「私の価値観についても聞いてくれるかな？」といったように、キャリア開発支援や相互理解のための対話を行うのもよいと思います。**図2**をメンバーと共有していれば、「今日は何について話したい？」と聞いてみることもできるでしょう。

マネジャーにとっての経験学習

1on1はメンバーの成長とパフォーマンス向上を支援するための場ではありますが、同時にマネジャー自身にとっての経験学習の場でもあります。私は今、ピープルマネジメントの本を書いていますが、残念ながら本を読んだだけでピープルマネジメントがうまくなることはありません。その内容を実践して、経験から学ぶことを繰り返すことで、ピープルマネジメントスキルはだんだんと向上していきます。

企業の人事の方から「うちの会社のマネジャーはマネジメントスキルが不足しているので1on1の導入は難しい」という声を聞くことがありますが、そうやって躊躇しているといつまで経ってもピープルマネジメントは実現しません。職場においてマネジャーがピープルマネジメントを確実に実践できる場を儲けるために1on1は効果的なのです。マネジャーがピープルマネジメントスキルを高めることによってメンバーが成長し、メンバーが成長することによってピープルマネジメントスキルがさらに高まる、といった好循環を生み出すことが必要です。

次章以降で、ピープルマネジメントを行う上での35の要点を掲げていきます。この先を読んで、皆さんの置かれた状況からピンとくるところがあれば、ぜひ実践してみてください。実践した後、振り返ってみるとかならず何らかの気づきが得られるはずです。その気づきを次のアクションにつなげることで、皆さんのピープルマネジメントスキルは確実に高まります。

3 マネジメントを取り巻く環境変化

この章の最後に、なぜ今、ピープルマネジメントが求められているのかという背景を、企業にとっての必要性の点から整理しておきたいと思います。この経営環境の変化は、国内外を問わず共通のトレンドであり、これからのマネジャーはかならず認識しておくべき環境要因です。

アジャイルなマネジメントの必要性

企業の栄枯盛衰はますます激しくなっています。安定していると誰もが思っていた大企業が突然、衰退することもあれば、ほんの数年前に現れた新興企業が既存の大企業を凌駕することも珍しくはありません。大企業だからといってけっして安泰ではなく、むしろ図体が大きいだけに機敏に（アジャイルに）軌道修正を行うことは容易ではありません。もちろん、中小企業は常に環境変化のリスクにさらされています。

既にビジネスモデルが確立したコアビジネスが今後も持続するのであれば、一部のエリートが組織の舵取りを担うことも可能です。しかし、企業の組織の至るところで、これまでとは異なる変化がたくさん起こってくるような状況では、上位下達で組織をコントロールしようとしても無理があります。なぜなら、実際に市場の変化に直面している現場で臨機応変に判断することができなければ、変化への機敏な対応が不可能だからです。

特に国内の人口が減少していくことが明白な日本市場では、多くの従来型ビジネス（レガシービジネス）の今後の成長は見込めません。成長が見込めるのは、これまでにはない価値を生み出す新しいビジネス領域ですが、新しいビジネスが市場に受け容れられるかどうかは、やってみて、顧客の反応を確認しなければわかりません。そこで、現場における試行錯誤がたいへん重要となります。マネジャーにも正解はわかりません。本社でさえわからないでしょう。したがって、現場のメンバーが自分で考えて、実験と検証を繰り返しながら事業を開発していくような仕事の進め方が求められるのです。

そのため、1人ひとりのメンバーが自律的に目標を設定し、行動できるようになることが必要とされます。一部のリーダーが決めたとおりに動けばよいわけではないのです。しかし、現場のメンバーが自分で目標設定をしたり、機敏に軌道修正をしたりできるようになることは容易ではありません。そこで、マネジャーの支援が必要とされるのです。これまでのようにメンバーに目標を与えて、その結果をただ管理するというマネジメントスタイルでは、もはや企業は成長できません。

このように変化のサイクルが短い環境においてメンバーの成長を支援するためには、リアルタイムでのフィードバックが重要です。従来のように年に3回の面談では学習効果が得られません。数ヵ月前の経験など、はるか忘却の彼方に違いないからです。まだ記憶が鮮明に残っているうちに振り返りがなされなければ、経験学習の意味がなくなってしまうのです。

ダイバーシティ&インクルージョンの必要性

多くの企業では女性の活躍に向けた取り組みが盛んに行われていますが、ダイバーシティ推進の目的は、女性が活躍することだけにあるわけではありません。企業にとっては、女性に限らず、さまざまな多様性を受け容れて活かすこと（インクルージョン）自体が、ますます重要になっています。

日本企業の組織は同質性が高いとよく言われます。同質性が高いというのは、皆が同じような考え方をしたり、同じように行動したりするということです。そこでは、異質な考え方は排除される傾向にあります。かつてのレガシービジネスでは、強固な同質性が企業独自の強みになった時代もあったかも知れませんが、今後はそうはいきません。同質性は弱みに他なりません。

顧客の価値観は多様化しているため、それに応える多様な対応力が必要です。それだけでなく、企業というシステム自体がますます複雑になってきているため、同質的な考え方しかできないことは大きなリスクにもなります。多様な選択肢を検討できないからです。これまでの常識がこれからも通用する保証はありません。むしろ、これまでの常識の枠から抜け出した発想ができなければ、企業はいつまでたっても変わることができず、やがて衰退してしまいます。

本来、1人ひとりの価値観や考え方は多様であるはずですが、同質性の高い組織の中に長くいればいるほど、組織の常識や固定観念が染みついてしまいます。そのため、若いメンバーよりもマネジャーの方が同質的な発想をする傾向が、多くの企業で見られます。マネジャーは若い世代の価値観について嘆く以前に、自分自身の発想が凝り固まっていないかを客観視しなければなりません。その上で、多様性を尊重して活かすスキルを身に付けることが必要とされています。

専門性を活かす必要性

テクノロジーの進歩とともに、ビジネスは急速にデジタル化しています。それに伴って、ビジネスに求められる専門性も細分化し、しかも必要な専門性の中身がたいへんなスピードで変化しています。たとえば、マーケティングという業務をとってみても、従来からの業界特有のマーケティング知識に加えて、ウェブマーケティングやモバイルアプリ、データアナリシス、人工知能など、多様な専門性が求められるようになってきています。

1人の人がすべての専門性を備えることは不可能であるため、何か1つの仕事をしようとした時には常に複数の専門人材が必要になります。逆に言うと、何も専門性を持たない人は価値貢献できなくなります。そのため、これからは誰しも何らかの専門分野をできれば複数、持っていて、常にアップデートすることが求められるようになります。

すべての専門人材を社内だけでまかなうことが困難なケースが増えるため、社内外の人材によるプロジェクトチームが組成されることがさらに増えるでしょう。それによって、職場における社内外の境界はますます低下していきます。その状況では、これまでのように外の業者を使うといった感覚ではチームをマネジメントできません。

マネジャーにしても、すべての専門性に精通することは不可能です。かつての日本企業では、新入社員を採用し、長い年月をかけて社内の業務に熟練した人材を育てていたため、マネジャーがメンバーよりも業務のことをよく理解しているのが一般的でした。そのおかげで、メンバーに対して業務の指導をすることによって、マネジャーは存在意義を得ることができました。しかし、今後は複数の専門人材を共通のゴールに向けて束ねたり、1人ひとりの専門人材を動機付けたりすることに、マネジャーの存在意義は変化していきます。

専門人材の仕事に対する動機は皆、異なります。専門領域を深めることに価値を置く人もいれば、常に新しいプロジェクトにチャレンジしたい人もいます。それらの人材の仕事のパフォーマンスは、単に専門的な知識やスキルだけで決まるわけではなく、それ以上に1人ひとりの仕事へのモチベーションが大きく影響します。そのため、マネジャーが自分の価値観を一方的に押し付けるような職場では、人材のパフォーマンスが低下してしまいます。マネジャーには、1人ひとりの価値観に応じた動機付けが求められるのです。

コラボレーションの必要性

ビジネスにおけるコラボレーション（協働、連携）の重要性はますます高まっています。決められたことを決められたとおりにやっていればよいような仕事であれば、コラボレーションの必要性はさほど高くありません。そこでは個人の成果の足し算が、組織全体の成果になるからです。

しかし、成果の量ではなく、アイデアの質が価値を決めるような業務では、コラボレーションが決定的に重要となります。1人では得られないアイデアが、他者とのコミュニケーションによって生まれてくるからです。実際にビジネスの成果に占めるコラボレーションの割合が、過去と比較して大きく高まっていることを検証した調査結果もあります。そのため、コラボレーションをうまくマネジメントできるかどうかによって、ビジネスの成果は大きく異なってくるのです。

そのようなコラボレーションの効果を高める上で、絶対に必要となる前提があります。それは、チームのメンバーが思ったことを自由に発言できる風土があるということです。しかし、日本企業にはそのような風土を欠いた組織が少なくありません。たとえば、会議で反対意見が出るのは避けるべきこと、といった暗黙のルールが存在する会社もあります。そこでは、会議の前に主要な関係者に根回しがされますが、その目的は反対意見が出ないようにすることにあるため、コラボレーションとは真逆のコミュニケーションといえます。

関係者の立場や意向に対して過度に配慮するコミュニケーションは、意思決定のスピードを遅らせるという弊害ももたらします。諸外国と比較して日本企業の生産性は低いと言われますが、その要因の1つは意思決定の際の調整時間の長さにあると考えられます。アイデアの質とスピードの双方を同時に高めることが求められている経営環境において、言いたいことを自由に発言できない風土は大きな阻害要因になるのです。

そのため、マネジャーは個人のパフォーマンス向上を促すだけではなく、コラボレーションが起こりやすいチーム作りを意識しなければなりません。そのようなチームとは、互いに干渉せずに波風を立てないチームではなく、メンバーが自分の価値観に基づいて主張してもリスクがないチームといえます。1人ひとりに応じたマネジメントを行った結果、異なる主張のコンフリクトが起こったとしても、それをプラスの効果に変えることのできるマネジメントが必要とされているのです。

多様な働き方の必要性

個人のキャリアが多様化していくとともに、働き方も多様化していきます。日本企業でもここ数年、働き方改革が盛んに行われていますが、自分がコミットした成果をあげさえすれば、働く時間と場所を自分の意志で決めてもよいという個人の裁量の範囲は、今後、より拡大していくことでしょう。

そのような働き方を可能にするために、テクノロジーを積極的に活用することが必要です。働き方の柔軟性を高めることによって、仕事の生産性をさらに向上できる可能性があります。しかし、デジタルなコミュニケーションは、情報を扱うことは得意ですが、人の内面の意図や感情を伝える上では限界があります。そのため、多様な働き方を実現するためには、逆に対面のコミュニケーションの質を上げることが同時に重要になります。

情報を扱うコミュニケーションは、「コト」のコミュニケーションです。他方で対面の面談では、「ヒト」のコミュニケーションを重視することが必要です。仕事の成果は、情報処理だけで決定されるものではなく、それを行う人の意欲や価値観が大きく影響するからです。そこで、マネジャーはメンバーが何を大切にする価値観を持っているのかということを理解し、今のモチベーションがどのような状態なのかを知っていなければなりません。対面の面談で重視するのは、そのような「ヒト」のコミュニケーションなのです。

　また、個人が働く時間と場所を自分で決められるためには、その人が自分で目標を設定し、その達成に向けて自律的に仕事ができることが前提になります。まったく自律できないメンバーに対して、「いつ、どこで働いてもよい」と個人の自由に任せることは難しいでしょう。そこで、マネジャーにはメンバーが自律的な働き方をできるように導いていくことが求められます。マネジャーがメンバーの成長を支援しなければ、多様な働き方も実現できないのです。

各章の構成

本書における各章は、1on1を中核としたピープルマネジメントの全体図（**図4**）に基づいて構成されています。第1章から第7章はピープルマネジメントの各構成要素に対応しています。各章ごとに5つのトピックスを掲げているため、全体で35個の項目によってピープルマネジメントのポイントを体系化して整理しています。

1つひとつの項目については詳細なハウツウまで説明していませんが、ピープルマネジメントにとって重要な考え方や視点は、35の項目のどこかにほぼ記述されていると思います。具体的な行動やコミュニケーションの内容は、メンバーがどういう人で、現在、どういう状況に置かれている

チームに対して行うこと

7｜チームパフォーマンスを最大化する

図4｜1on1を核としたピープルマネジメントの全体図（本書の構成）

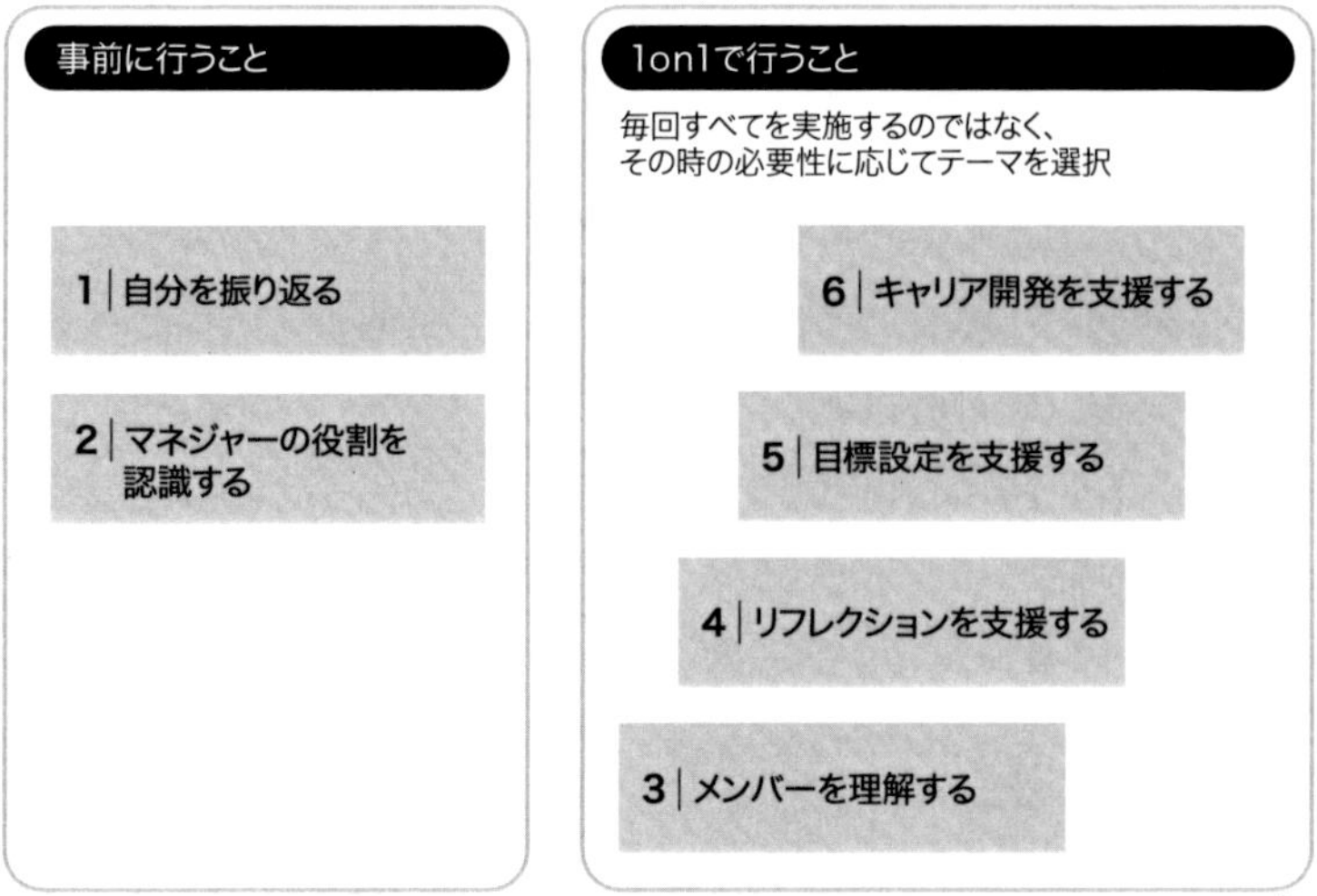

かによってすべて異なるため、本書に記載した考え方をもとに、ぜひ創意工夫しながら実践してみてください。

終章でもう1度、全体をチェックリストにまとめていますので、本文と合せて日常的なピープルマネジメントのテキストとして活用されることを意図しています。

第1章

自分を振り返る

ピープルマネジメントの最良の教科書は自分自身です。自分のこれまでの経験の中に、実はほとんどの答えが隠されているといっても過言ではありません。そのため、ピープルマネジメントスキルを高めるための第一歩は、まず自分を振り返ることです。この章では、そのための演習方法について述べたいと思います。

1 外的要因に一喜一憂しない

皆さんの今の状態に点数を付けるとするなら、100点満点中、何点でしょうか？モチベーションが高く充実感に満ちていたなら高い点数、その逆の場合は低い点数になります。常に絶好調の状態を続けられる人はいません。誰しも憂鬱な気分になったり、落ち込んだりすることはありますが、それもやがて時間の経過とともに回復してくるものです。

そのような心の動きが何によって起こるかというと、非常に多くの場合、外的要因によって左右されています。特に落ち込んでいるケースでは、自分を取り巻く環境がネガティブに変化したことが原因になることがよくあります。

たとえば、次のような場合です。

- 新しい職場に異動になってわからないことだらけなので自分の力が発揮できない。
- 突発的なトラブルで業務量が増えて自分の時間が圧迫されてしまっている。

・上司が代わったが新しい上司とそりが合わない。

現在、点数が落ち込んでいる人は、何がその原因か考えてみてください。おそらく、何らかの外的要因が存在することでしょう。

外的要因に一喜一憂するなと言われても、それができたら苦労しないと思うのが人情です。けれども、自分の心の状態を外的要因にゆだねていると、その変化に翻弄されてしまいます。仕事のパフォーマンスはモチベーションと連動するため、パフォーマンスを向上するためには、心の状態を改善することが必須なのです。

意欲が低下しているメンバーの状態を改善する方法は2つあります。意欲を低下させている外的要因を取り除くか、外的要因はそのままにして本人の内的動機を高めるかのどちらかです。

外的要因を取り除くことは容易ではありません。多くの場合、外的要因はコントロール不能だからです。ただし、可能な場合もあります。それは、その外的要因が上司であるマネジャー（＝あなた）にある場合です。部下には上司を変えられなくても、上司自身にはそれが可能です。そのため、マネジャーはメンバーの意欲を低下させている外的要因が何かをまず理解する必要があります。

しかし、継続的に意欲を向上させるためには、内的動機を高める方が効果的です。仮に外的要因を取り除けたとしても、また別の外的要因が現れればそれを繰り返さなければなりませんが、自分の内的動機を自分でコントロールすることができるようになれば、さまざまな外的要因に対応できるようになるからです。

内的動機を高めるには、メンバー本人だけでなくマネジャー自身が、メンバーの「内の軸」を理解していることが必要です。それによって、たとえばメンバーの得意な思考・行動特性を仕事の中で発揮させる機会を豊富に作るといった支援が可能になります。思考・行動特性と価値観と内的動機は相互に関連しているため、得意な思考・行動特性（強み）がたくさん発揮され、それに対してポジティブなフィードバックが提供されて価値観が充足されれば、意欲も高まるという連動性が生み出されるのです。

そのようなマネジメントができるためには、マネジャー自身がみずからの「内の軸」を理解し、自分のモチベーションを自分でコントロールできるようになることが必要です。そのための第一歩として、まずは自分自身が外的要因に一喜一憂していないかどうかを客観視してみましょう。

2 絶頂期から学ぶ

今度は自分のこれまでを振り返って、仕事でいちばん充実していた時を思い出してみましょう。人によって、それが最近のこともあれば、ずっと昔の若い頃のこともあるでしょう。誰にでも多かれ少なかれ、あの頃はやりがいに満ちていたと思い起こされる時期があるはずです。

その頃の仕事のパフォーマンスはどうだったでしょうか？きっと、自分なりに納得できる成果が出せていたのではないかと思います。過去を思い出す目的は、過去の思い出にひたるためではありません。その頃の経験から学ぶためです。記憶に残っている経験は、意味があるから忘れないのです。

それらの経験は多くの場合、困難な経験でしょう。フォローの風がたくさん吹いて、何も苦労せずにうまくいったという経験は、あまり印象に残らないからです。つまり、外的要因がかならずしも自分に味方をしていなかったような経験が少なくないはずです。それにもかかわらず、充実感が大きかったのでそこに意味があるのです。
その経験を振り返って、次のようなことを考えてみましょう。

- どのような点で充実感が大きかったですか？
- あなたのどのような価値観が満たされていましたか？
- あなたのどのような強みが発揮されていましたか？

たとえば、自分の判断で物事を決められて、その結果がすぐに出たことが面白かった。目先の利益に惑わされず本質を追究した結果、はるかに大きな利益が得られた。チーム全体が共通の目標に向かっていた一体感が最高だった。そういった体験は、自分の「内の軸」を探るための絶好の題材になります。

絶頂期を振り返ることのもう1つの意味は、その時の上司のあり方から学ぶことです。あなたがやりがいを感じられた背景には、上司が環境を作ってくれたという要因があった可能性があるからです。

もう1度、その経験を振り返って、今度は上司の姿を思い出してみましょう。

- その頃、上司とどのような会話をしましたか?
- 上司はあなたに何をしてくれましたか?
- いちばん記憶に残っているのはどの場面ですか?

その上司が最高の上司であったかどうかはわかりませんし、あなたがその上司と同じである必要もありません。その上司の行動をそのまま真似すればよいわけでもありません。その上司との会話や上司の行動によって、あなたがどう感じたかが重要なのです。

「他人にしてほしいと思うことを施せ」という黄金律は有名です。リーダーシップの教科書でもよく取り上げられます。メンバーとの対話において、メンバーがしてほしいと言うことを、何でも全部やってあげるのがよいわけではありません。やりすぎると、メンバーは自立できなくなってしまいます。けれども、してほしいことを理解することは必須です。

過去の経験を振り返って、「上司が何をしてくれたか」ではなく、「自分が本当にしてほしかったことは何だったのか」に気づくことが重要です。それに気づくことができれば、今度は「メンバーが」を主語にして考えることができるからです。

3 自分の決断を分析する

誰でも1度や2度は大きな決断をしたことがあるでしょう。仕事の場面でもプライベートでも構いません。今度は、その決断について振り返ってみましょう。

決断は選択です。AかBかを選ぶ決断もあれば、やるかやらないかを選択する決断もあります。いずれにしても、選択する際には何らかの基準が存在します。たいていの場合、人は自分にとって大切な方を選択しますが、その大切さの基準が「価値観」です。「これは私にとって価値がある」というのは、「これは私にとって大切だ」というのと同義なのです。

価値観はつかみどころのない存在です。明快な言葉で表現しづらいものですし、どれか1つに限定されるものでもないからです。けれども、価値観は人が選択する際の基準となるために重要です。たとえば、「リーダーの信念」といった時の信念や信条は価値観です。また、「キャリアの選択」における選択基準も価値観です。

メンバーの成長を支援するために、マネジャーはそのメンバーが本来、何を大切にする価値観を持っている人かを理解する必要がありますが、そのためには、マネジャーが自分自身の価値観を理解できなければなりません。さもなければ、メンバーの価値観を理解する方法が、実感としてわからないからです。

では、あなたの過去の決断を振り返って、次のことを考えてみましょう。

- その決断は、何と何を選択する決断でしたか?
- その選択の基準となった価値観は何ですか?

自分の価値観に従って、断固たる姿勢で選択をした決断もあるでしょう。あるいは、何となく流れに任せて決めたこともあるに違いありません。前者の場合は、その価値観が明確ですが、いろんな事情が重なって何となくそうなったという後者のケースが、実際のところは少なくないと思われます。

しかし、何となく決めたケースであっても、そこにはかならず自分の価値観が隠されています。たとえば、周囲に期待されるままに出世コースを選んだが、本当は自分の研究を突きつめたかったという後悔の中に、自分の価値観が見え隠れすることもあるでしょう。けれども、自分の価値観は1つだけではありません。周囲に期待されたから出世コースを選んだように思えるものの、実は心の奥底では組織のリーダーになることを望んでいたのかも知れません。

自分で自分のことを分析するのは、簡単なようでそれほどやさしくはありません。自己言及のパラドクスという作用があって、自分で自分のことを観察しようとすると、観察される自分とそれを観察する自分の両方が現れて、どちらが本当の自分かわからなくなってしまうのです。その結果、途中で思考を止めたくなるかも知れません。

それでも、自分の過去の情報は自分の内に豊富にあります。大きな決断であれば、その時の光景や感情まで、記憶の中に鮮明に残っているでしょう。それらの情報をもとに、自分は何を大切にしていたのかを探ってみましょう。そして、その価値観が今でも自分にとって大切なものであるかを確認してみてください。

メンバーのキャリア開発を支援することはマネジャーの役割ですが、当のマネジャー自身が将来のキャリアについて考えたことがない、というケースが少なくありません。自分の価値観を知ることは、キャリアビジョンを描くための出発点になります。ぜひ、過去の決断を思い出して分析してみてください。

4 成長体験について考える

仕事を通じた成長は経験学習によって行われると述べました。本当にそうなのかを振り返ってみましょう。

マネジャーともなると、これまでにさまざまな仕事の経験を通じて成長してきていることでしょう。成長できたからこそ、マネジャーになっているに違いないからです。

マネジャーに対して、「過去の成長体験の例をあげてください」という質問をすると、多くの人が苦しい状況を乗り越えた体験について語ります。高い障壁を乗り越えたことで、自分が一皮むけた感覚が強く印象に残っているからでしょう。しかし、障壁が高いものであればあるほど、一足飛びで乗り越えることは困難です。最後に壁を越える手前まで、実は小さな経験学習の積み重ねがあったはずです。

過去を振り返って、次のことを思い出してみましょう。

- 自分が成長できたと実感できる体験は何ですか？
- 最後の壁を乗り越えるまで、どのような経験を通じて学習を重ねましたか？

すべてがすべて、そうとは言いきれませんが、1つ目の質問の回答は成功体験、2つ目の質問の回答は失敗体験だったのではないでしょうか？

経験学習には感情が密接に関連します。何事もなく無難に通り過ぎた経験は、感情を変化させません。何も感じなかった経験は意識されずに流れ去ってしまうため、そこからの学びが得られないのです。

そのため、小さな失敗体験の積み重ねが経験学習には効果的です。1つひとつは小さな学びであったとしても、知らないうちに積み重なって大きな資産となっているのです。ある時に突然、フォローの風が吹いて、流れが変わるタイミングがあります。たとえば、偶然に他者の協力が得られたり、膠着していた問題が解決したりすることもあるでしょう。そのような偶然の変化をタイミングよく活かせるのは、経験学習による資産の積み重ねがあるからなのです。

たとえ小さな失敗であったとしても、失敗を繰り返すのは苦しいことです。そこで、もう1つ質問します。

- あなたはなぜ、成功するまで続けることができたのですか?

いつかうまくいくと信じていたから。逃げ出すのはいやだったから。周囲の期待に応えたかったから。協力してくれる仲間がいたから。うまくいかない方が楽しいから。理由は人それぞれすべて異なります。その理由こそがあなたの強みなのです。

あなたの経験学習のストーリーを整理してみましょう。昔話の多すぎるマネジャーは嫌われますが、時には自分の過去のストーリーをメンバーに話してみるのもよいと思います。それによって、メンバーはあなたのことをもっとよく理解できるようになるからです。

最後にもう1つの質問を加えましょう。

- 最近、あなたは経験から何を学びましたか?

もちろん、経験学習はどこまでも続きますが、若かった頃のような大きな学びを得られる機会が減っている、と感じる人も少なくないかも知れません。マネジャーはメンバーの経験学習を支援しますが、そのためには自分自身が経験から学び続けている姿勢を持っていることが重要です。学び続けるマネジャーの姿を見て、メンバーも学ぶことを学べるからです。

5 ついて行きたくないリーダーを思い浮かべる

この本はピープルマネジメントをテーマとした本ですが、マネジャーにはマネジメントスキルだけでなくリーダーシップも求められるため、その点について述べたいと思います。もちろん、マネジメントとリーダーシップには重なる領域がありますが、少し種類の違うものです。

マネジメントを行うのはマネジャーですが、その対象はメンバーです。ピープルマネジメントは、メンバーの成長とパフォーマンス向上を目的として行われます。また、「あの人はマネジメントのスキルが高い」といった表現がされるように、マネジメントはスキルとして高めることができます。

他方のリーダーシップはメンバーを育てるためのスキルではありません。「あの人にはリーダーシップがある」とか、「リーダーシップがない」とか表現されるように、リーダーシップはその人の状態を表しています。

リーダーシップの有名な定義に、ピーター・F・ドラッカーが述べた、「リーダーに関する唯一の定義は、つき従う者がいるということである」という言葉があります。誰もつい行く人がいなければ、リーダーシップがあるとは言えません。どれだけマネジメントスキルを高めても、メンバーがついてきてくれなければそのスキルの使い道がありません。そのため、リーダーシップを欠いていてはマネジメントの効果が出ないのです。

「あなたはどのようなリーダーシップを発揮したいか?」という問いに、マネジャーは答えられる必要があります。ただ、いきなりそう問われても、すぐには答えにくいに違いありません。そこで質問を変えて、「どのようなリーダーについて行きたいか?」であれば少しは答えやすそうです。ただ、理想のリーダー像を備えた人は身近になかなかいないため、これでも明確には答えにくいかも知れません。そこで、さらに質問を変えて、次の問いについて考えてみましょう。

- あなたはどういうリーダーにはついて行きたくないですか？

「ついて行きたくないリーダー」の特徴は、たくさん思い浮かべられるはずです。たとえば、次のような回答があげられるでしょう。

「自分の考えがない人」「決断しない人」「言うことがコロコロと変わる人」「責任を押し付ける人」「上ばかり気にしている人」「どこに行きたいのかビジョンがない人」

もちろん、これら以外にもたくさんあります。たとえば、「嘘をつく」とか、「不正をする」とか、「部下を踏み台にする」とかいったような邪悪なリーダーの特徴をあげる人もいるかも知れませんが、そのようなリーダーが論外なのは言うまでもありません。

そもそも、あなたのあげた「ついて行きたくないリーダー」の特徴は、あなたがリーダーにはこうあってほしいという願望の裏返しと考えられるため、「ついて行きたくないリーダー」の反対が、あなたが「ついて行きたいリーダー」であると考えられます。

「ついて行きたいリーダー」の共通項を探っていくと、もっとも共通しているのは、「自分の軸がある」という点です。軸があるというのは、「価値観がぶれない」ということです。ここにリーダーシップとマネジメントの重なる部分があります。それはどちらも、自分の「内の軸」を知るところから始まるということなのです。

第2章 マネジャーの役割を認識する

「マネジャーはどうあるべきか?」という問いに対して、いろいろな人がさまざまな意見を持っています。多様な見解や持論があるために、いったいどれが正しいのか、よくわからなくなってしまうこともあるでしょう。マネジメントのスキルを向上しようとしても、自分の役割が定まっていなければ、ちぐはぐなことになってしまいます。そこで本章では、ピープルマネジメントを行う上でのマネジャーの役割について整理したいと思います。

6 管理ではなく支援する

日本企業に成果主義人事が導入されて以来、目標を上から下してその達成度を管理することがマネジャーの役割として定着してきました。そのため、達成度の管理＝マネジメントという認識を持っているマネジャーが少なくありません。

実際に、真面目な顔をして次のようなことを言うマネジャーもいます。

「目標とは上から与えるものだ。部下に考えさせてはいけない」

「モチベーションは自分で高めるものだ。上司がそこに立ち入る必要はない」

メンバーに自分で勝手に目標を立てさせたら、低いレベルの目標や見当違いの目標を立てる恐れがあると思っているのでしょう。確かにメンバーを育成しないで、目標だけを立てさせるとそういうことが起こる可能性も十分にあり得ます。

また、目標の達成度による評価は外発的動機付けの考え方に基づいているため、個々人の内的動機を高めるという発想がもともと含まれていません。外発的動機付けにおいて「モチベーションを高める」というのは、よい成績を目指して各自にがんばらせることを意味しているため、モチベーションは本人が高めるものと位置付けられているのです。

しかし、そのような方法では、もはや個人と組織のパフォーマンスが向上しないことは序章で述べたとおりです。その認識がずれていると、話が噛み合いません。これまでのやり方ではパフォーマンスが上がらないから、新たな方法論が必要とされているのです。

これまでのように、目標を与えてその達成度を管理するだけのやり方は、メンバーのパフォーマンス向上の過程を支援していません。マネジャーは結果を見るだけで、パフォーマンス向上の努力は個人任せにしてしまっているからです。それでは結果としてパフォーマンスが上がらないので、その過程を支援しようとするのがピープルマネジメントです。マネジャーはしばしば管理者と呼ばれてきましたが、これからは管理者から「支援者」へと役割を変える必要があります。

もちろん、ピープルマネジメントを行なえば、目標の達成度を見ることが不要になるというわけではありません。数字や進捗状況をしっかりと把握することは必要です。けれども、その目的はメンバーの尻を叩いたり、成績を付けたりするためではなく、自分たちの戦略や仮説が間違っていないかを分析して検証するためです。

環境変化の不確実性が高まって、アジャイルな意思決定が必要になればなるほど、数字を分析する力が求められます。それは管理ではなく、目標やアクションを機動的に見直すために必要とされるのです。そのようなアジャイルなマネジメントはマネジャーだけが行えばよいわけではなく、1人ひとりのメンバーが自律的に考えられるようになることが理想です。その理想の状態に向けて、メンバーの成長を支援していくのがマネジャーの役割なのです。

これを読むとマネジメントよりも管理の方が楽そうだと思う人もいるでしょう。もちろん、その通りです。数字を管理するだけなら、コンピュータの方がはるかに得意です。マネジャーは、マネジャーにしかできない役割を担う必要があるのです。

7 指揮官になろうとしない

マネジャーとメンバーの違いに関するかつてのイメージは、マネジャーの方が経験豊富であり、メンバーの方が未熟といったものでした。それもそのはずで、特に大企業では、新卒社員を一括で採用し、長い年月をかけて先輩の後を追うように経験を積ませていく育成方法が一般的であったため、マネジャーは常にメンバーよりも経験豊富な立場にあったのです。

その頃のイメージをいまだに引きずっているマネジャーもいます。自分ではそのつもりはなくても、次のような行動に現れるのです。

- そのマネジャーは、メンバーを指導しなければいけないと思っています。メンバーは未熟なので、あるべき考え方や行動の仕方を教えなければならないと信じています。教える内容の多くは、長い歳月をかけて会社の中で培われ、伝承されてきたルールや暗黙知のようなものです。それらを教え込んだ結果として、多様な新入社員も5年もすれば、皆が同じようなタイプの社員に染まってしまいます。こうして、金太郎飴のような同質的な風土ができあがっていくのです。

・そのマネジャーは、すべての答えを知っていなければならないと思っています。そのため、メンバーと面談してもメンバーの話を聞くのではなく、一方的に解決策を話してしまいます。素直なメンバーは、マネジャーが先に答えを教えてくれるので、自分で考えようとしなくなります。自分の意志を持ったメンバーは、自分の意見を伝えようとしますが、途中でマネジャーに遮られて否定されてしまうため、マネジャーに何を話しても無駄だと諦めてしまいます。それ以降、マネジャーの話は聞いたふりをしています。

これらのマネジャーは良かれと思って振る舞っていますが、結果的にメンバーの成長のために役立ってはいません。役立っていないどころか、むしろ逆効果を招いてしまっています。そのため、このような古いマネジャーのイメージは払しょくされなければならないのです。マネジャーは指揮官ではなく、ここでも支援者でなければなりません。

結局のところ、成長したり、成果をあげたりするのはメンバー本人にしかできないことなのです。そのため、メンバー自身が「もっと成長したい」とか、「もっと成果をあげて貢献したい」とか思わない限り、成長もパフォーマンス向上も実現しません。つまり、あくまでも主役はメンバー本人なのであって、マネジャーは主役にはなれない（なってはいけない）ことを認識しなければなりません。

社員がチャレンジしないと嘆く経営者の声をよく聞きます。しかし、チャレンジは本人が「チャレンジしたい」と内発的に感じてはじめて起こるものです。上から「チャレンジしろ」と命じたら、社員がチャレンジを始めるといったものではなく、内発的な動機付けが必要とされるのです。

マネジャーの中には指揮官にすらならず、自分が100パーセントプレーヤーになっている人もいます。もちろん、今日のマネジャーはほとんどがプレイングマネジャーです。けれども、マネジメントをまったく放棄してプレイングのみに時間を使ってしまっては、組織の成長可能性が閉ざされてしまいます。そのような状況では、仮に目の前の目標達成はできたとしても、将来的な成長は見込めなくなります。

忙しくて1on1の時間がとれないというマネジャーも少なくありませんが、そういうマネジャーにこそ1on1は必要です。どうせすべての業務を行う時間はないので、1on1の予定を先に入れてしまいましょう。その結果、後回しになる仕事は、もともとプライオリティの低い業務なのです。

8 メンバーに寄り添おうとしなくてもよい

「マネジャーはメンバーに寄り添う存在であるべきだ」としばしば言われます。私はその考えを否定しているわけではありません。けれども、「寄り添う」という表現がしばしば誤解を招くため、注意が必要です。そこで、あえて否定形で述べたいと思います。

「メンバーに寄り添う」とは、上から指示をするのではなく、「伴走するように支援する」ことを意味しているのでしょう。それはまさにピープルマネジメントそのものを表しているため、何も問題はありません。

しかし、「寄り添う」という言葉の持つ、いたわりや温もりを感じさせる語感が、心の暖かい人にならなければよいマネジャーにはなれないのか、と誤解させることが危惧されます。マネジメントはスキルとして高めるものであって、人格や性格を変えなければできないものではありません。「いい人」になろうとする必要はなく、よいマネジャーになるために経験を積めばよいのです。

誤解の2つ目は、マネジャーが上から下りてきて、至近距離でべったりと支援するという立ち位置や距離感をイメージさせることです。そのことに抵抗を感じるマネジャーもいることでしょう。マネジャーの役割が変化してきている中で、多くのマネジャーが自分自身の立ち位置やメンバーとの距離感に迷っているため、その誤解は解消されなければなりません。

ただ厳しければよいわけでもなく、かといって優しければよいというわけでもない。遠い存在であってはいけないが、友だちのような馴れ合いもよくない。自分の立ち位置が揺らいでしまうと、メンバーに対してどのように接すべきかというマインドセットが定まりません。したがって、マネジャーが自分自身の立ち位置と役割を明確に意識することがたいへん重要なのです。

組織の方向性や目標はマネジャーが設定すべきものです。メンバーに対して役割を付与するのも、メンバーの賞与や昇級の決定にもっとも影響力を持つのも上司であるマネジャーです。組織において、マネジャーがメンバーの上位にいることは、昔も今も変わらない事実です。マネジャーは組織における上位者であるがゆえに、その立場を活用してメンバーの成長を支援することができるのです。

また、メンバー自身が自分の強みを活かして成長するのと同様に、マネジャーも自身の強みを活かした支援の方法を考えることが必要です。共感力の高い人は、それこそメンバーの気持ちに寄り添って励ますことができます。洞察力の高い人は、メンバーが気づいていない視点を提示して視野を広げさせることができるでしょう。関係構築力の高い人は、メンバーの人的ネットワークを広げる手助けをしてあげればよいのです。要は、自分らしいマネジメントを志すことがいちばんなのです。

9 相手に応じてマネジメントする

メンバーの成長を支援しようとする際、実際には支援しやすいメンバーとそうでないメンバーがいます。「次はこれを目標にしたい」と自律的に目標を設定し、「将来、こんな活躍がしたい」という明確なキャリアビジョンを持っているメンバーは、支援することが容易です。

「それが目標なら作戦を一緒に考えてみよう」と相談相手になってあげることもできますし、「将来、そういう風になりたいなら、このプロジェクトに参加してみてはどうか」と機会を提供することもできます。つまり、何を支援すればよいかが明確なのです。

自律しているメンバーにはある程度、自由にやらせて、その経験から自分で学ぶように仕向けた方が成長を促進できます。普段はメンバーから離れて見守っていて、本人が必要としていそうな時にだけ必要な支援を提供すればよいのです。そのため、あまり手がかかりません。

ところが、自律的に目標やビジョンを設定できるメンバーはそれほど多くないというのが現実でしょう。多くの自律していないメンバーに対しては、何をしたいか、どうなりたいかというところから一緒に考えることが必要になります。つまり、相手によって、支援の次元が異なってくるのです。

マネジャーの中には、自分のチームには自律したメンバーばかりを配属してほしいと思う人もいるでしょう。その方が、チームのパフォーマンスを楽にあげられると考えるからです。しかし、部下が自律したメンバーばかりだとよいことばかりではありません。その理由の1つ目は、それではマネジャーのマネジメントスキルが向上しないということです。

自律していないメンバーに対して、「何をしたい」「どうなりたい」と尋ねても、明確な回答は返ってこないでしょう。そのため、「この人は何を大切にする価値観を持っているのだろう」「この人らしい強みは何だろう」「今のモチベーションはどのような状態で、その理由はなぜだろう」といったことを理解するために、マネジャーはさまざまな角度からコミュニケーションを試みる必要があります。マネジャー自身が試行錯誤することを通じて、マネジメントスキルが高められるのです。

もう1つの理由は、自律していない部下には伸び代があるということです。メンバーは誰にもその人ならではのポテンシャルがありますが、自律していないということは、それがまだ発揮されていないということの表れでもあります。自律しているメンバーが伸びないという意味ではありませんが、自律していないメンバーのパフォーマンスはマネジメントによって高められる可能性があるのです。つまり、マネジャーのマネジメントスキルが活きてくるのです。

実際のところ、自分の部下が自律したメンバーばかりだとマネジメントという仕事は面白くないに違いありません。チームのパフォーマンスが上がったとしても、それは自律したメンバーたちのおかげで、自分のマネジメントによる貢献があまり感じられないことでしょう。

10 チームパフォーマンスを優先する

マネジャーにはメンバーの成長を支援する役割がありますが、成長するのはメンバー本人の自己責任です。成長したことによるメリットも、成長しなかったことによるデメリットもすべて自分に返ってくるからです。もしも本人が成長しなかったからといって、マネジャーが責任を取れば解決するという問題ではありません。

では、マネジャーは何に対して責任を負っているのでしょうか？それは言うまでもなくチームのパフォーマンスに対してです。スポーツチームの監督が、勝利をおさめることに責任を負っているのと同じです。企業におけるマネジャーは教育者ではないので、ただメンバーが成長すればよいわけではなく、自分に任された組織の成果に責任を負っています。チームパフォーマンスを最大化するためには、メンバー個々人のパフォーマンス発揮を支援するだけでは十分ではありません。仕事は個人で完結しているわけではないからです。そのため、マネジャーはメンバー間のコラボレーションを促進する必要がありますが、その点については第7章で詳しく述べたいと思います。

ここでは、チームパフォーマンスを最大化するためのコラボレーション以外のもう1つのポイントを付け加えます。それは、言い古された言葉ですが「適材適所」です。

マネジャーはチームのパフォーマンスがもっとも高まるように、メンバーの役割と強みの組み合わせを考える必要があります。それを行う上で、マネジャーはメンバーの強みを理解すると同時に、今のチームにおいてどのような役割が必要とされているかを明確にしなければなりません。

かつての適材適所のイメージは、既に確立された役割があって、その役割に適した人を配置することでした。しかし、環境変化のサイクルが短くなっていくと、役割自体が固定的ではなくなります。仮説の立案と検証を繰り返す過程で、役割は同じでも業務内容が変化したり、役割そのものがなくなったり生まれたりすることが日常的に起こります。そのため、適材適所の人材配置もアジャイルに行われることが必要になります。

そのようなチーム運営ができる前提として、マネジャーはチーム全体の戦略を常に考えていなければなりません。チームにとってのプライオリティ（優先度の高い目標）が何かを決めるのはマネジャーの仕事です。そして、そのプライオリティが変化すると、マネジャーはそのことをメンバーに伝えなければなりません。

序章において、1on1は組織と個人をつなぐ「場」であると述べましたが、そこでの対話において、マネジャーからメンバーに対する「期待」とメンバー本人の意志のすり合わせが行われる必要があります。メンバーに有無を言わせず、役割を変えるようなことをしてはいけません。

マネジャーはメンバーの役割に対する期待を明確に説明できることが必要です。なぜ、その役割がチームにとって重要であるのか、なぜそのメンバーに期待しているのかを論理的に伝えられなければなりません。そのためには、マネジャー自身が常に戦略的に考え、同時にメンバーのことを理解していることが前提となるのです。

第3章

メンバーを理解する

これまでに「対話」という言葉を特に定義せずに用いてきました。ピープルマネジメントにおけるコミュニケーションは対話であることが求められるため、マネジャーには対話スキルが必要とされます。そこで本章では、メンバーとの対話のポイントについて整理したいと思います。

11 対話スキルを磨く

「対話」の対極にあるコミュニケーションは「議論」です。議論には、「議論を闘わせる」とか、「議論に勝つ」といった表現がされるように、もともと勝ち負けの概念が含まれています。「議論に勝つ」というのは、自分の主張を相手に受け容れさせることです。つまり、議論ははじめに自分の主張ありきのコミュニケーションなのです。

ビジネスの場における議論は、言い争いのようなやり方ではなく、もっと論理的に行われるのが通常です。因果関係を説明したり、事実を示したりしながら、論理的に主張の正当性を訴えるのです。ビジネスにおいて議論はもちろん必要ですが、ピープルマネジメントの場では、マネジャーの主張をメンバーに押し付けても仕方ありません。意欲を高めたり成長したりするのはメンバー本人なので、マネジャーの意見に従わせればよいわけではないからです。

「対話」は自分の主張からではなく、相手を理解するところから始まるコミュニケーションです。メンバーがどのような考えや思いを有しているかを理解した上で、「それならば、こんなアイデアはどうか」とアドバイスをしたり、「そうなんだ。そんな風に思っていたんだ」と理解を示したりと、コミュニケーションをつなげるのが対話です。メンバーが主役であるため、本人がどう思っているかというところが起点となるのです。

このように書くと簡単なようですが、実はこの「相手を理解する」ところがそれほど容易ではありません。メンバーから業務報告を聞くのであれば、説明された事実を理解すれば済みますが、「相手を理解する」というのは相手の内面を理解することだからです。相手の内面は通常、言葉では表現されないため、言葉の奥にある「意図」を理解することが必要になります。

たとえば、職場で交わされるちょっとした会話でも、相手の意図を正確に理解するのは結構、難しいものです。

上司「この件について、他に意見はないか？」
部下「特にありません」

本当に意見がないのか、それとも実は何か言いたいことがあるのかは、この文面だけでは判断できません。部下が元気な口調で答えているか、つまらなそうな口調かによってもおおよその推測はできるでしょう。けれども、自分の意見を言うのが面倒なので、あえて元気な口調で「特にありません」と言って、話を終わらせようとしている可能性も考えられます。

このようなケースで相手の意図を理解するためには、さらに言葉を投げかける必要があります。たとえば、部下はきっと何か言いたいことがあるのではないか、と上司が予想している場合には、「〇〇さんに意見がないのはめずらしいね」とか、「まとまっていなくても、何か言ってくれたら嬉しいけど」とか言って、次の返答を待つでしょう。

次に部下から戻ってくる返答によって、「特にありません」の意図がはじめて少しわかります。「どうせ言っても仕方がないと思うので大丈夫です」といった、少しひねくれたような返答があったとしたら、この部下が何か大きな不満やストレスを抱えている可能性があることがわかります。

相手を理解するためには、このように推論しながらコミュニケーションを続けることが必要になります。その前提として、マネジャーがメンバーを理解したいと思っていなければばなりません。多くのマネジャーは一方的に自分の意見を伝えることに慣れているため、まず相手を知ろうと意識するところから始める必要があるでしょう。

12 ポテンシャルを知る

マネジャーがメンバーを理解しようとする際、もっとも知るべきなのはメンバーの「内の軸」です。なぜ、そのことが重要なのかを説明するために、私がいつも研修などで話している喩え話をしましょう。

野菜の話

あるところに、家庭菜園で野菜を栽培している人がいるとします。そこでは、トマトや胡瓜（きゅうり）が育てられています。主人はそれらの野菜が早く食べられるようになることを楽しみにしているので、どうすれば成長させられるかと考えています。

ある日、主人は茎を伸ばしつつある野菜に向かって、「君たち、1ヵ月に20センチ伸びるように。それを目標とします」と告げました。はたして、月に20センチ伸びることを成長と呼んでもよいでしょうか？また、「胡瓜くんは20センチ伸びているのに、トマトさんは15センチしか伸びていないではないか」とトマトを叱責しました。トマトに対して、胡瓜のようになれと言ってもしょせん無理な話です。

このトマトは小ぶりですが、甘みが凝縮した実をつけることができます。大きくて立派な実をつけることはできなかったとしても、深い甘みを持ったトマトになれるのです。このトマトにとっての成長とは、大きな実をつけることでも、ましてや胡瓜になることでもなく、他にはない甘みのあるトマトになることといえるでしょう。

この喩えからいえることは、上司が部下の成長を支援するためには、部下がトマトなのか胡瓜なのかを理解していなければならないということです。それだけでなく、そのトマトや胡瓜に特有の潜在的な強みが何かを知っていることが重要です。深い甘みのトマトを育てるためには、水を与えすぎてはいけません。土の中から養分をたくさん吸収できる力を身に付けることが必要だからです。そのように、部下が成長した姿をイメージできてはじめて、部下の成長に適した支援が可能になります。
このように、野菜も人も個々の可能性はすべて異なるのです。おしまい。

この喩え話は、成長とは何かについて説明しています。メンバーの成長とは、画一的基準によって決められるものではなく、その人ならではのポテンシャルを開花させていくことです。ポテンシャルとは、その人固有の潜在的な強みであり、それは「内の軸」に秘められています。したがって、マネジャーがメンバーの成長を支援するためには、その人の「内の軸」を知らなければならないのです。

最近、管理職（マネジャー）になりたくないという若者が増えています。今のマネジャーたちを見ていて、自分はああいう風にはなりたくないとか、ああいう働き方は自分にはできないとか思うからです。けれども、今のマネジャーと同じになる必要はありません。会社も今のマネジャーのコピーを量産したいわけではありません。自分らしく活躍しているマネジャー像を描き、それに向けて成長すればよいのです。

経済がますます多様化していく中で、1人ひとり異なる強みを発揮することが価値を生む時代になってきています。尖った個性が発揮されるほど、本人にとっても会社にとっても価値が高まることをマネジャーは理解しなければなりません。

13 共感よりも理解する

かつての日本の会社では、職場に個人の価値観を持ち込むべきではないという考え方が根強くありました。誰かが「私の価値観では…」とでも言おうものなら、「仕事はあなたの価値観でするものではない」と叱られたかも知れません。

最近ではダイバーシティの考え方が浸透してきたので、今度は逆に、個々人を尊重しようとする風潮が広がっています。ところが、「個の尊重」が誤って捉えられているケースも見受けられます。個人の内面に踏み込まないことが尊重すること、と考えている人もいます。

メンバーの「内の軸」がわからなければ、マネジャーからの支援ができないため、個の尊重とは内面に踏み込まないことではなく、内面を理解した上で「違い」を認めることです。

その際には、無理をしてその人の価値観に賛同したり共感したりする必要はありません。たとえば、計画性を重視する価値観のメンバーが、「無計画な人って困るよね」と言った時に、「わかる、わかる」とか、「そうだよね」とか言って合わせる必要はないのです。

もし、マネジャーが計画性よりも自由さや柔軟さを大切にしていたなら、心から「そうだよね」とは言えないはずです。「あなたは計画性を大切にしているのですね」と、理解を示せばよいのです。無理に賛同しようとするとマネジャーにとっても重荷に感じるので、その人らしい違いを見つけようとするスタンスでいることが重要です。

また、最近の脳科学の研究で、聞き手が話し手の話す内容を理解することによって、双方の脳の内部が共鳴することがわかったそうです。このことは、聞き手が理解することで話し手との関係性が強化されることを意味しています。

メンバーの「内の軸」を理解するために、次のような質問から対話をしてみましょう。

- 最近、仕事で充実感があったのはどんな場面ですか?
- 普段の生活の中で、こだわっていることはありますか?

・仕事やプライベートで、どんな時にストレスを感じますか？
・思わず熱中してしまうのは、どういう時ですか？
・親しい人から、あなたはどういう人と言われますか？

前にも述べたように、質問への回答から、すぐにメンバーの内面が理解できることはないでしょう。相手がどういう価値観を持っているかを理解できるようになるには、何度も、やり取りを繰り返すことが必要です。

上司「最近、仕事で充実感があったのはどんな場面ですか？」
部下「この前のプロジェクトをやり遂げた時です」
上司「自分の力で成し遂げたという達成感があったの？」
部下「それもそうですが、他のメンバーの嬉しそうな顔を見て感激しました」
上司「みんなで力を合わせて達成したのがよかったんだね？」
部下「そうですね。互いに助け合ったからこそ達成感があったと思います」
上司「メンバーが協力し合ってチーム力が高まる感じが大切なのかな？」

部下「うまく言えませんが、そんな感じです」

この上司が部下のことを理解しようとして、角度を変えながら質問しているのがわかると思います。人の価値観は1つのシンプルな言葉で表現することができないため、白い紙に輪郭を描いて色を付けていくような、ビジュアル化のプロセスが求められるのです。対話では、このような推論スキルがもっとも重要になります。相手を理解することができれば、マネジャーなりの支援方法を考えることはできるはずだからです。

14 今の状態を知る

メンバーの「内の軸」を理解することによって、その人がどういうポテンシャルを持った人かがイメージできるようになります。内的動機や価値観は皆それぞれ異なるので、メンバーにはその人ならではのポテンシャルがあるはずです。

どのメンバーも、自分（マネジャー）にはない強みを持っています。もし、「マネジャーはすべての点においてメンバーよりも優れていなければならない」と思っている人がいたとしたら、すぐにその考えは改められなければなりません。そのようなことはあり得ないだけでなく、メンバーの強みの伸長を抑えつけてしまうことにもなりかねないからです。

けれども、「1：外的要因に一喜一憂しない」でも述べたように、あらゆる人の強みは常に最高の状態で発揮されているわけではありません。その時のモチベーションの状態によって、強みが豊富に現れる時もあれば、少ししか現れない時もあります。また、状態が良くないときには、強みが逆方向に現れてしまう場合もあります。

たとえば正義感の強い人は、状態の良い時には他者に対してお手本となるような行動を取ることができます。非常に倫理観が高く、他者から尊敬される存在になります。けれども状態が良くないと、他者の誤りや不公平と感じることを攻撃し、そのことに対する他者からの批判は受け容れない、といった自分勝手な行動が強く出てしまう可能性があります。

したがって、マネジャーはメンバーがどのような「内の軸」を有しているかを理解するだけではなく、今はどのあたりの状態であるかを知っていなければなりません。そのために、1on1の場では、「最近の調子はどう？」とか、「今のモチベーションは何点くらい？」といった質問を常に行うことを習慣にするのがよいでしょう。

モチベーションを低下させている要因が社内的なことであれば、マネジャーがその解決を多少は手助けできるかも知れませんが、プライベートな要因の場合は解決を手伝ってあげられる可能性はあまり高くないでしょう。また、そもそも解決を手伝う必要もありません。しかし、メンバーがモチベーション高く仕事に打ち込める職場環境を整える上で、モチベーションを低下させている要因をある程度は理解しておくことが必要です。

さらに、マネジャーがメンバーのキャリア開発を支援していくためにも、メンバーのプライベートの事情は知っておく必要があります。今後のキャリアプランは、ライフイベントなどのプライベートのプランと密接に関連する可能性が高いからです。メンバーが自分のプライベートの問題について誰にも相談できず、キャリアビジョンを諦めてしまう、といった事態は避けなければなりません。

昨今は個人情報などのセキュリティ管理が厳しいこともあるため、メンバーの私的な情報にあえてタッチしないマネジャーもいますが、あまり過敏になり過ぎてもよくありません。もちろん、本人が言いたくないことまで聞き出すのは止めた方がよいでしょう。「よかったら教えてくれる？」と問いかけて、どこまで話すかは本人に任せればよいのです。マネジャーがメンバーの成長を支援する立場にあることをしっかりと自己認識していれば、構えることなく自然に会話できると思います。

15 マネジャー自身が気づきを得る

メンバーとの対話は、メンバーの成長を支援することを第1の目的として行われますが、その過程を通じてマネジャー自身も成長しようとする姿勢を持つことが重要です。マネジャーが成長すればメンバーも成長するという相乗効果が期待できるからです。

逆に、1on1を通じてメンバーは成長しても、マネジャー自身は変わらなくてよいという姿勢では、1on1の効果が十分に高まりません。なぜなら、マネジャー自身の気づきが得られないため、対話が深まらないからです。マネジャーはただコーチ役であればよいというわけではなく、みずからも学習者である必要があるのです。

メンバーにとっても、マネジャーにとっても、対話を通じた気づきが成長のきっかけをもたらします。「気づき」とは、これまで知らなかった知識をただ知ることを指すのではなく、自分の意識に変化を起こす、創造的な理解を意味しています。気づきは人の発想を刺激するために、そこから変化が起こるのです。

相手が部下であれ誰であれ、他人は自分と異なる価値観を持っています。価値観が異なれば、何を重視するかという優先度や、周囲の出来事の解釈の仕方も違ってくるのが普通です。「その優先度はおかしい」とか、「その解釈は間違っている」と反論しても仕方ありません。価値観が違うだけなのです。それよりも、違いを前向きに捉えようとする姿勢が重要です。

「あっ、そういうことだったのか」だとか、「そういう考え方もあるのか」と理解することが気づきです。その考え方を受け容れるかどうかにかかわらず、気づきは自分の発想をより創造的にしたり、視野を広げたりします。したがって、対話からの気づきの多いマネジャーは、メンバーの価値観をよく理解していると同時に、対話を自分の成長に活かすことができるのです。

また、気づきはイノベーションの源泉でもあります。新しいアイデアは論理的思考だけでは生まれてきません。感覚的に気づく力が重要です。そのため、マネジャー自身が自分の気づきを周囲に話すことによって、気づきの大切さをメンバーに伝えることも効果的です。たとえば、「この前、○○さんに指摘されて、そういう考え方もあるのかと気づかされたよ」とマネジャーがオープンに話す姿勢が望まれます。

対話から相手の価値観をよく理解できるようになるためには、「もし、相手がXXXという価値観を持っていたら、そういう発言がされることに納得がいく」というXXXを推論する練習を重ねることが必要です。価値観は言葉で明確に表されないため、推論が必要になるのです。

「この人は、その価値観を持っているから、いつもそこにこだわるのか」とか、「そういう物の見方をするのか」とかいったことを納得できるまで、対話を繰り返すことが必要です。実際にやってみると、この推論は理解しづらいものを理解しようとするために、頭の中をフル回転させることが必要になるとわかるでしょう。だからこそ、それがマネジャーにとっての学びとなるのです。メンバーとの対話を、メンバーのためだけではなく、ぜひ自分のためにも活かすようにしてみてください。

(補足) 対話についてより深く学びたい方は、「アイデアが湧きだすコミュニケーション―心のシグナルを読み、対話しよう」（松丘啓司著、ファーストプレス、2011年）をご一読ください。対話の方法について、簡単な例を用いながら、1冊まるまる詳しく記述しています。

第4章

リフレクションを支援する

1on1を開始した初期の段階では、メンバーを理解することに十分な時間を割くことが望まれます。しかし、1on1がいったん軌道に乗ってくると、メンバーのリフレクション（内省）支援が中心的な内容になってきます。前回の1on1からの経験を振り返り、そこからの気づきを次のアクションにつなげていくプロセスを支援するのが、リフレクション支援です。

16 あらゆる実績を棚卸しする

メンバーの仕事のパフォーマンスは、目標の達成に向けてアクションを行い、その結果を振り返って、次のアクションへとつなげることを繰り返すことによって高められていきます。したがって、この一連のサイクルをマネジャーが効果的に支援することができれば、より高いパフォーマンスの実現が期待されます。

年次や半期での個人目標は、ストレッチ（背伸び）した高い目標であることが通常のことであるため、一足飛びには達成できません。そのため、少しずつ実績を積み重ねながら、目標のレベルに近づけていくことが必要とされます。その努力を行うのはメンバー本人なので、いかに本人が意欲を高め、生産性の高い方法を見出すかによって、達成できるレベルが異なってきます。

当初の目標とこれまでの実績を比較した際に、どこに着目するかが重要です。多くのマネジャーは目標と実績の差が気になることでしょう。しかし、あとどれだけ足りないか、何が欠けているかといった課題面にばかり着目していても、成果につながるアクションがなかなか見えてきません。目標と実績の間は何もない空間のようなものなので、まだないものをイメージしづらいからです。それよりもむしろ、既にある実績に着目することが得策です。

目標はそれまでに積み上げられた実績を土台にして、そこからさらに実績を積み重ねることによって達成されます。そのため、既に何が積み上げられているのかを確認することで、そこから次へのアクションを見出そうとする発想が重要です。

これは石垣を積む作業に似ています。高い石垣を積むには、大きな石だけではなく小さな石も必要です。大きな石と小さな石を組み合わせることによって、しっかりとした石垣ができるのです。

あなたのチームのメンバーに、既存の実績を洗い出してもらいましょう。インパクトの大きなものから小さなものまで、思いつくだけあげてもらいます。いくらの金額を受注したといった業績だけではなく、お客さまとの関係が一歩前進した、プロジェクトの障害となっていた問題をクリアした、何か新しいノウハウが得られた、貴重な情報を入手した、他部門からの協力が得られた。これらはすべて、次につながる大切な実績です。

これらの実績を土台として、どのような石を積むことができるかを考えれば、次のアクションの選択肢がたくさんあげられるでしょう。このような発想は、実績があるからこそ生まれてくるものです。

人の持っている時間は限られているため、よく検討してから行動するという考え方は重要です。その一方で、行動することによって新たな情報が得られたり、これまでにはない展開が生まれたりすることも事実です。経験学習は行動と学習の「ニワトリと卵のような」サイクルであるため、どちらの考え方も重要です。特に不確実性の高い環境においては、結果はやってみないとわからないことが多いため、行動してみてから軌道修正するというアプローチをうまく用いることが求められます。

毎回の1on1において、いきなり最終目標を目指すのではなく、次の1on1までの中間目標をどこに置くかについて話し合いましょう。そして、その中間目標に向けて、すぐにできるアクションを思いつくだけ考えてみましょう。それらのアクションを実行することによって、また新たな実績が多数、得られるはずです。さらに、それらの実績を活用することによる新たなアクションが見出されます。そのように、行動することによって目の前の景色が変化していく感覚を得ることが重要です。

17 充実した体験を承認する

アクションの結果を振り返る際に重要となる他の視点は、充実した場面を思い出して分析することです。充実した場面では、メンバー本人の強みが発揮されていた可能性が高いため、その状況を分析することによって、その人らしいパフォーマンス発揮の方法が確認できます。

1on1の場で、メンバーに対して次のような質問をしてみましょう。

- この前の1on1以降、もっとも充実感があったのはどういう状況でしたか?
- なぜ、充実していたと感じるのですか?
- そこで、あなたのどのような強みが発揮されましたか?

「2：絶頂期から学ぶ」で皆さんが自分自身について分析したことと同じことを、メンバーにも振り返ってもらうのです。その目的は、メンバーが自分の「内の軸」を確認し、みずからモチベーションを高め、強みをさらに伸ばせるようになることです。

マネジャーの皆さんが自分自身のことを分析できなければ、この振り返りをメンバーに対して効果的に促すのは難しいでしょう。自分で自分の内面を振り返るのは、それほど簡単なことではないからです。そのため、自分自身に対しても常に同じ質問をしてみる習慣を付けることをお勧めします。

日常の場面での充実した体験は、過去の絶頂期のように鮮明に記憶に残っているわけではないかも知れません。ものすごく充実したというような体験が頻繁にある人は多くないからです。そのため、この充実した場面の振り返りは、些細なことでも結構です。その結果、得られた成果が小さなことでも構いません。

メンバー本人がどのような時に意欲が高められ、どのようなアクションを行なえば自分らしい成果を生み出せるかを理解することが、この振り返りの目的です。それによって、自分で自分の行動をコントロールし、成果を再現できるようになることを目指します。そのため、小さな充実体験でも貴重なのです。振り返ることなくそのまま放置しておくと、すぐに忘れ去られてしまうでしょう。

メンバーが強みを発揮して何らかの結果を出した場面では、マネジャーはしっかりと承認（レコグニション）することが重要です。承認とは、「それは素晴らしいね」「それはいいことだね」といったように、相手の行動を肯定的に認めることです。

最近のマネジャーは、メンバーを承認したり、褒めたりしたりすることが少ないとしばしば言われますが、承認はただ連発すればよいわけではありません。子どもがお手伝いをしたらお小遣いをもらえるといった例と同じで、承認はプラスの行動を強化するために効果的です。何でもかんでも承認しすぎると、何が強化すべき行動であるかが本人にとってわからなくなってしまいます。

そのため、マネジャーにとっても、承認機会を見つけようとする姿勢を持つことが必要です。メンバーに対して、もっとも強化してもらいたい行動は、自分の「内の軸」を活かして強みを発揮し、成果につなげる行動であるため、１on１の場において毎回、充実した場面を振り返ることが効果的なのです。

18 モヤモヤした感覚を掘り下げる

振り返りの3つ目の視点は、モヤモヤした感覚を掘り下げることです。

得られた実績を棚卸しすること、充実体験を分析することと同時に、やってみてうまくいかなかったり、モチベーションが上がらなかったりした経験を分析することも重要です。不確実性の高い環境においては、自分の期待したとおりにいかないことの方がずっと多いからです。そのため、期待はずれの経験から学んで、「次はこうしてみよう」とさらなる実験を試みる姿勢が重要になります。

人間の感覚はきわめて精度の高いセンサーのようなものです。大きなことから小さなことまで、さまざまな合図をキャッチすることができます。センサーに引っかからないような合図は、そのまま過ぎ去っていってしまうため、そこから学習が起こることがありません。

何かの経験をしたときに、「そうだったのか!」と新たな発見をしたり、新鮮な驚きを感じたりしたことからの学びは明確です。また、過ぎたことを後悔したり、反省したりすることからも多くの学びが得られるでしょう。

しかし、明らかな成功体験や失敗体験はそれほど頻繁に起こるものではありません。多くの場合は、何となくうまくいかないとか、それほど悪いこともないけれども取り立てて良いこともないとかいった、曖昧な結果が多いに違いありません。そのような曖昧な感覚をそのままにしておくと、学びの機会は消滅してしまいます。

このような何となくモヤモヤした感覚は、つかみどころがないために本人にも明確に説明することが難しいかも知れません。そのため、マネジャーとの対話の中で、メンバーが自分の経験を振り返ることのできる時間を持つことが有益です。たとえば、次のような質問をしてみましょう。

「今回の提案を通じて何を感じたか、どんな些細なことでもいいので教えてもらえるかな？」

すぐに回答がなくても、本人が自分を振り返る時間を待つことが必要です。その結果、次のような回答が返ってきたとしましょう。

「自分なりにやるべきことはやったと思うのですが、あまり手応えが感じられません」

この発言を表面的に捉えれば、顧客から前向きな反応がなかったことが原因と判断されるかも知れません。けれども、それは推測に過ぎません。本人の振り返りを深めるためには、さらに追加の質問が必要です。ただし、尋問にならないように気を付けましょう。

「どうなっていたら、もっと手応えがあったと思う?」

手応えがなかった原因の裏には、メンバー本人が顧客の課題を十分に理解できていなかったという反省があるのかも知れません。あるいは、もっと斬新な提案をした方が顧客のためになったと感じているのかも知れません。もしかすると、結果は悪くなかったもののマネジャーや周囲が承認してくれないために、手応えを感じられなかったのかも知れません。いずれにしても、モヤモヤした感覚を何となくで終わらせずに、本人がその原因を確認することが必要です。

「あれはできた」「これはできなかった」とマネジャーはついつい判定しがちです。しかし、モヤモヤした感覚は本人にしかわからないため、外から決めつけることはできません。マネジャーにできることは、質問を投げかけながら原因を一緒に考えることです。マネジャーは自分が答えを出すのではなく、メンバー自身による振り返りを深めることを支援する、という姿勢を持たなければならないのです。

19 フィードバックを使い分ける

メンバーとの対話においては、ただ一方的に相手の話を聞くだけでなく、マネジャーからフィードバックを行うことによって、本人の経験学習がより効果的に行えるよう支援することが求められます。しかし、フィードバックのやり方を間違えると逆効果になるため、注意が必要です。

フィードバックには大きく分けて2種類があります。ポジティブフィードバックとネガティブフィードバックです。どちらも、メンバーの行動に対するフィードバックであり、人格や性格を対象にするものではないことを最初に断っておきます。では、それらについて簡単に解説しましょう。

ポジティブフィードバックの目的は、望ましい行動を強化することです。「17：充実した体験を承認する」で述べたように、本人の「内の軸」を活かして強みを発揮し、周囲にインパクトを及ぼしたような行動を強化することは、本人の成長にダイレクトにつながるため、しっかりと承認することが必要です。

たとえ明確な成果が得られなかったとしても、強みを発揮したアクションは承認されるべきです。間違っても「結果がすべてだ」と否定してはいけません。それによって、望ましい行動が抑制されてしまう恐れがあるからです。これはネガティブフィードバックの誤った使い方です。

また、1on1の冒頭に「ねぎらい」の言葉をかけることも効果的です。たとえば、「○○さんはいつも周囲を和ませてくれるから感謝しているよ」といった短い言葉で十分です。ねぎらいには、本人の良い面をマネジャーが見ているということを伝える効果があります。

一方で、ネガティブフィードバックの目的は、望ましくない行動を抑制することです。代表的なものは、ルールに反した行動です。コンプライアンスに違反するような行動が否定されるべきなのは言うまでもありませんが、チームで決めた方針に反するような行動に対してもしっかりとフィードバックがなされなければなりません。

たとえば、チームとしてどの分野に注力するとか、チームメンバーは協力し合いながら仕事をするとかいった方針が打ち出されていたとすると、それに反する行動には「それは良くない」とはっきりと伝えることが必要です。さもなければ、チームの方針が軽視されてしまうからです。

ネガティブフィードバックは相手の行動を抑制するものであるために、軋轢が生まれやすくなりますが、率直な姿勢で行うことが重要です。「あのような行動は良くないと思うよ。あなたの言っていることも理解できなくはないけどね」といったように、はっきりとしない表現では誤ったメッセージが伝わってしまいます。誤ったメッセージは、本人のためにもチームのためにもなりません。

ただし、望ましくない行動を指摘する際には、前提として事前にルールや方針が明確に示されていることが必要です。それらが示されてもいないのに行動を否定されたら、メンバーは何をしたらよいかわからなくなってしまうからです。もちろん、すべての行動規範をあらかじめ定義することは不可能ですが、マネジャーが重視するルールや方針については日頃から繰り返し伝えることが重要です。

20 積極的な実験を奨励する

アクションの結果を振り返り、そこからの気づきを踏まえて次の目標やアクションを設定する際には、「積極的な実験」を行おうとする姿勢が求められます。これまでと同じ枠の中で同じようなアクションを繰り返しても、得られる知見の幅が広がらず、結果的にパフォーマンスが向上しないからです。

たとえば、安い金額の提案しか行っていない営業担当者は、いつまで経っても高い金額の提案をすることができません。「安い金額だと売りやすい」と安全志向での行動を繰り返していては提案スキルが向上しないため、成果も高まらないのです。

積極的な実験を奨励する際に気になるのが、人事評価との関連でしょう。積極的に実験しようとすればするほど、失敗の可能性が高まり、当初の目標が達成できなくなることが危惧されるからです。多くの会社では期初に立てた目標の達成度に基づいて、A・B・Cといったレーティングを行って報酬等を決めているため、目標が達成できないと評価が下がってしまう可能性があります。

筆者はこのような評価制度は改められるべきとの考えですが、現実的にはこのような制度のもとで1on1が導入されるケースも少なくないため、考え方の整理が必要です。結論から言うと、メンバーが達成度にあまり気を取られ過ぎないようにすることが肝要です。達成度を優先し過ぎると、たとえば今期はもう目処がついたから来期に売上を回そうといった行動も誘発され、結局はチーム全体の成果も高まらないのです。

振り返りからの気づきを踏まえて、「次はこれにチャレンジしてみよう」と積極的な実験を行う際には、メンバー自身の強みを活かしたアクションを実施することが有益です。たとえば、課題分析に強い営業担当者は、顧客の課題を深く掘り下げた提案を行うことができるでしょう。また、関係構築力の高い営業担当者は、多数のファンを作ることによって提案を成功させることができるかも知れません。

チャレンジのハードルが高いほど失敗のリスクを伴うのも確かであるため、強みを最大限に活かすことが成功確率を高めるための秘訣です。また、強みを活かしたアクションを継続することによってその人らしい成長が促され、キャリアビジョン実現への時間は短縮されるでしょう。安全志向で同じことばかりを繰り返していても、結局は自分のためにもならないのです。

また、「失敗は良くないこと」といった風土が存在するなら、それを払しょくすることも必要です。失敗から学ぶことが重要であるため、小さな失敗はむしろ望ましいことという共通認識が求められています。そのため、マネジャーはみずからの失敗を隠すのではなく、失敗から何に気づき、何を学んだかをメンバーに対して積極的に話す姿勢を持たなければなりません。

メンバーのチャレンジが大きければ大きいほど、それを成功に導くためのマネジャーの支援が重要になります。「あなたの強みを活かせば、こんなアプローチもできるのではないか」とアドバイスを提供することもできるでしょう。「他部門に協力を仰ぐから相談してみてはどうか」とネットワークを広げてあげることもできるかも知れません。あるいは、「そのアクションを成功させるために、私にできることは何かな？」と本人に考えさせることも効果的でしょう。

ビジネスの不確実性が高まるほど、前例がなくマネジャーにも答えがわからないことが増えていきます。そのため、どのような実験をするか、その結果から何を学ぶかをメンバーに丸投げにするのではなく、一緒に考えていこうとする姿勢が求められます。1on1の締めくくりには、「一緒にがんばろう」と伝えることで、メンバーが心強く感じられる状態で終わることが重要です。

第5章

目標設定を支援する

ピープルマネジメントでは、メンバーが自分で目標を設定できるようになる状態を目指します。自分で自分のゴールを設定できるようになることによってパフォーマンスの向上が期待されるため、1on1の場においてメンバー本人が自分の目標設定を行うためのスキルを身に付けられるように支援を行うことが必要です。

21 目標を与えない

目標管理制度上、個人の目標は1人ひとりが考えることになっていたとしても、実際の運用では組織の上から目標が配分されてくるという会社が少なくありません。そのことによる弊害は小さくありません。その問題点の1つ目は、目標は与えられるものという受け身の姿勢が強化されてしまうことです。それでは、自律的な意識が育まれません。

問題点の2つ目は、1人ひとりが自分で考えなくなるということです。決められたことを決められたとおりにやっていればよいのであれば、考える必要はありません。しかし、新たな価値を生み出すようなビジネスにおいては、個々のメンバーが考えなければ何も起こりません。目標を上から配分する方法は、メンバーの考える力を奪ってしまうのです。

「やらなければならない」と外発的に動機付けられると必要最低限のパフォーマンスしか発揮されず、自分から「やりたい」と内発的に動機付けられると強みの発揮行動が強化されるため、持続的にパフォーマンスが向上するという研究結果もあります。上から目標を与えるとパフォーマンスに上限を設定してしまって、結局はパフォーマンスが高まらないのです。

断っておきますが、目標管理などのパフォーマンスマネジメントは個人のパフォーマンスを向上することによって、組織全体のパフォーマンスを高めるためのマネジメントであるため、個人の目標は上位組織の目標の達成に貢献するものでなければなりません。その設定方法として、上から下に下すのではなく、下から上に関連付けるといった発想が必要なのです。

序章で述べたように、組織のニーズと個人のニーズが両立しなければ持続的なパフォーマンスの向上は実現しません。そのため、個人の目標設定を行う際には、①上位組織の目標達成に貢献することと、②本人の働きがいを高め将来のキャリアビジョンの実現につながる目標であることの双方が充足されなければなりません。

①の前提として、そもそも上位組織の目標が明確であることが必要です。このことは、マネジャーの示すチームの戦略が明確でなければならないことを意味します。マネジャー自身が上から下りた目標を受け身で設定しているような状態では、メンバーは何にフォーカスして目標設定をすればよいのかよくわかりません。したがって、本章の内容はメンバー

の目標設定を支援するためだけではなく、マネジャー自身の目標設定についても当てはまります。

②の前提として、本人が自分の「内の軸」を理解し、将来のキャリアビジョンをイメージできていることが必要です。キャリア開発支援については第6章で解説しますが、メンバー自身が将来どうなりたいのかを考えたことがないといったケースが少なくないため、そこから一緒に考えてあげるようなサポートが必要になります。

自分でやりたい目標をどんどん設定できるメンバーは支援が楽ですが、そのようなメンバーは少数でしょう(「9：相手に応じてマネジメントする」を参照)。そのため、メンバー本人の主体的な目標設定を支援することは、一言で言うと簡単そうですが、実は難易度の高いマネジメントなのです。そのため、目標設定支援には時間をかけた取り組みが必要であると、認識しておいた方がよいと思います。

22 環境が変われば見直すことを前提にする

会社における目標設定は通常、年次、半期、四半期といった会計期間に合わせて設定されます。全社の目標がそのような期間で設定されるため、個人の目標も全社や部門の目標に合わせて見直されることになります。

そのため、1on1で目標設定について話すのは、上記の見直しのタイミングが中心になるでしょう。毎回の1on1では、次の1on1の時までにどこまで達成するかといった、小刻みな目標について確認することは必要ですが、もともとの目標自体を毎回、見直すことはありません。

ところが、期の途中で当初、想定していた環境が大きく変化することも少なくありません。たとえば、ターゲットとしていた顧客企業が方針を変えてしまったため、目標の前提が狂ってしまうようなことはしばしば起こります。あるいは、新しいテクノロジーが急速に進化したとか、予期していなかった事故や災害が起こったといったようなこともあるでしょう。

そのような大きな環境変化が起こった際には、期の途中であっても目標を見直すことが必要です。さもなければ、企業活動とそれを取り巻く環境がかい離してしまって、十分な成果が得られなくなってしまうからです。

古い体質の企業では、「環境が変わろうが当初の目標をやりきれ」といった精神論が聞かれることもありますが、当初の目標で無理に成果を出そうとすると、メンバーに対して不合理なことを押し付けることになってしまいます。その結果、強引なやり方で売上を作ったりするなど、不祥事が誘発されてしまう恐れもあります。

目標を見直すことに抵抗があるマネジャーは、簡単に目標を変えてしまうと目標のレベルが下がってしまうことに不安を感じるに違いありません。従来のように、期初に立てた目標の達成度で評価を決めるといった考え方が強いと、そう感じるのも自然なことです。

そのため、期初に立てた目標の達成度よりも、より高いパフォーマンスを実現することの方が重要であると、マネジャーは頭の切り替えをする必要があります。環境変化に伴う目標の見直しはパフォーマンスを高めるために行われるものです。

大きな環境変化が起こった時でも、それを見直すかどうかを決めるのはメンバー本人です。現在の目標を「続ける」のか、「見直す」のかを決める際に、本人の主体性を重視するのが基本です。言い方を換えれば、マネジャーにはそのような判断ができるようにメンバーを育成し続けることが求められます。

メンバーの中には、環境が変わっていることがわかっていても、しばらくは今の目標にこだわって続けたいと強く希望する人もいるでしょう。チームのプライオリティが変化している場合、マネジャーとしてはメンバーに目標を見直してもらいたいと考えるかも知れません。そのような場合でも、目標を見直せと上から強制してはいけません。マネジャーはメンバーに対して「期待」を明確に伝える必要がありますが、話し合いの結果、結論を出すのはメンバー本人です。そうしないと、主体性や自律性の芽が摘まれてしまうからです。

結論として、たとえば「あと1ヵ月続ける」と合意した場合には、メンバーが成果を出せるようにマネジャーがどのような支援をするかを検討する必要があります。いったん合意したら、双方ともそれぞれのアクションにコミットしなければならないのです。

23 網羅的でなく特定する

目標はSMARTでなければならない、としばしば言われます。SMARTの意味付けは会社によって異なりますが、S（Specific：具体的）、M（Measurable：測定可能）、A（Achievable：達成可能）、R（Results-oriented：結果指向）、T（Time-bound：期限がある）といったところが一般的でしょう。

筆者は、Aの意味付けとしてAspirational（「意欲的」「野心的」といったニュアンス）をしばしば用います。その方が内発的な動機が込められるからですが、だからといって、達成不可能な大風呂敷を広げればよいわけではないので、Achievable（達成可能）であることも必要です。

目標設定に際して、SMARTの5つはどれも重要ですが、もっとも重要であるにもかかわらず意味がよく理解されていない、S（Specific：具体的）について解説したいと思います。

Specificの動詞形はSpecifyで、これは「特定する」という意味です。そのため、Sは「具体的」というよりも「特定的」と言った方が意味を正確に表すと考えています。

たとえば、「成果をあげます」とか「期待に応えます」というのはまったく具体的でないため、目標と言えないことは論を待たないでしょう。では、「売上金額○○を達成する」というのは具体的でしょうか?金額が明示されているため、「成果をあげます」よりもはるかに具体的ですが、これでも目標としては不十分です。

売上金額は最終的な結果です。また、多くの場合はストレッチ目標（高い目標）が設定されます。単に高い売上目標を設定しただけで、それが達成されるわけではありません。そこで重要になるのは、何によってそれが可能になるかという成功要因や戦略が明確にされることです。目標が目標として機能するためには、成功要因が何かを「特定」することが必要なのです。

人の時間には限りがあるため、あらゆる可能性をすべて追い求めることはできません。そのため、網羅的な目標設定はかえって成功確率を下げてしまうのです。したがって、何が重要な成功要因かを見定め、それにフォーカスすることが必要です。言い換えれば、優先度（プライオリティ）の高い目標が特定されなければならないのです。

先ほどの例では、高い売上金額を達成するための成功要因が新規顧客の開拓にあるのであれば、新規顧客の数や売上金額が目標になるかも知れません。また、より高付加価値なビジネスを拡大することが成功要因なのであれば、価格設定や製品競争力の指標が目標になるかも知れません。最終的な数値だけではなく、いかにしてそれを成し遂げるかについても、同時に目標として明確にされることが必要なのです。

このような目標設定のフレームワークとして、グーグルが用いていることで有名なOKR（Objectives and Key Results）があります。OKRでは目標をObjective（実現したい最終結果）とKey Results（成功要因となる成果）に構造化して、1セットの目標として設定されます。1つのObjectiveに対して、3つ程度のKey Resultsが定義されるのが一般的で、各人が3～5セットのOKRを設定します。

いずれにせよ、メンバー本人がそのような特定された成功要因を考えられるようになることが重要です。しかし、これまで上から目標を与えられることに慣れてしまっているメンバーが、自分で目標を考えられるようになるにはかなりの訓練が必要です。そのためのディスカッションパートナー役をマネジャーが担う必要があるのです。もちろん、その前提として、マネジャーが自分自身の目標を戦略的に考えられていることが必要なのは言うまでもありません。

24 コラボレーションを目標に織り込む

1on1はマネジャーとメンバーとの対話の場ですが、目標設定に当たっては上下の関係だけでなく、組織における横や斜めの関係者とも可能な限り話す機会を作ることが有益です。企業活動は社内のさまざまな人々とつながっているため、目標設定の段階で話し合うことによって、成果を高めるための知見を広げたり、協力関係を作ったりすることができるからです。

上意下達のウォーターフォール型の目標管理では、目標が上から下へと分岐しながら配分されていくため、最下層にいるメンバーの目標は個々人で閉じてしまいます。その結果、メンバーの視野が自分の守備範囲の内側に閉じてしまって、同じような発想の枠組みからなかなか抜け出せなくなってしまいます。

しかし、個人のパフォーマンスが自分の守備範囲だけで完結するケースは今日ではまれでしょう。たとえば、マーケティング部門がウェブで潜在顧客を掘り起こし、営業部門が見込み顧客に対して提案活動を行うような場合、営業の成果はマーケティングの成果と密接に関連することになります。

また、同じ営業部門の中でも、たとえば自動車業界の担当とハイテク業界の担当では相手にする顧客企業は異なりますが、自動車の部品には多数のハイテク製品が使用されているため、互いに話し合うことによって提案の機会や幅が広がる可能性があります。

従来のレガシービジネスのようにビジネスモデルが確立されていて、あまり工夫のしようがない仕事においては、目標設定の段階で個々のメンバーが他部門と話すことの必要性は少ないかも知れません。しかし、新しいビジネスを切り拓いていくことが求められるような領域においては、これまでの発想の枠を広げることが決定的に重要になります。同じことを繰り返すだけでは、本人がいくら努力をしたとしてもパフォーマンスは頭打ちになってしまうからです。

これまでの固定観念を外すために、自分とは少し違った視点や専門性に基づく知見を取り入れることが有益です。そのために、目標設定の段階において、自分の守備範囲に関連する他者（つまり、コラボレーションする可能性のある人）と話す機会をできるだけ作ることが望まれるのです。

そのような機会を設けるために、マネジャーによるアドバイスが効果的でしょう。マネジャーはメンバーよりも高い視点で周囲を見ることができるはずだからです。「一度、○○さんと話してみれば？」と、つないであげることもできます。もちろん、前提としてマネジャー自身が常日頃から、自分の視野を広げる努力を意識的に行っていることが必要です。

自分の業務と関連する他者と話した結果、同じ目標を共有するという方法について検討することも効果的です。それぞれが共通の目標を設定することによって、その後のコラボレーションが促進されるからです。コラボレーションは相乗効果を生むため、それぞれが別々に目標設定をするよりも、トータルでは大きなパフォーマンスが得られる可能性が高まります。

25 目標を刻む

期初に設定した目標は一足飛びに達成できるものではないため、1on1ごとにより短期での目標を設定して、短サイクルで実績を確認していくことを繰り返す必要性について「16：あらゆる実績を棚卸しする」で述べました。期初の目標が意欲的（Aspirational）な目標であったとしても、これらの小刻みな目標は達成可能（Achievable）な目標であることが必要です。

結果として高いパフォーマンスを実現するためには、個人が自律的にパフォーマンス向上の努力を続けられることが不可欠です。そのようなことを可能にするためには、個人が内発的に動機付けられ、自分ならではの強みを発揮できる状態が維持されなければなりません。それによって、パフォーマンスが石垣のように積み上げられていくのです。

個人の内的動機と強みの発揮が継続されるためには、そのような行動を強化するためのマネジメントが求められます。そのために、達成可能な小刻みな目標を設定し、その結果をポジティブに承認することがたいへん重要なのです。小さな強化学習の積み重ねが大きな成果を生みます。

小刻みな目標であったとしても、不確実性の高い環境においては、やってみて、顧客の反応を確認しなければ、うまくいくかどうかわからないことが増えていきます。思い通りの結果になるケースはあまりないかも知れません。しかし、目標達成が十分でなくても、それに向けて強みを発揮したアクションがなされたのであれば、その努力は承認されなければなりません。

また、「18：モヤモヤした感覚を掘り下げる」でも述べたように、明確に失敗とは言えないが、どこか違和感が残るような結果が実際のところは少なくないでしょう。問題はそのような結果を放置するのではなく、そこから効果的に学ぶことにあります。そのため、何か有益な気づきが得られたのであれば、それについても「それはいい気づきだね」と承認することが重要です。それによって、リフレクションする力が強化されるからです。

このような小刻みな目標はかっちりとしたSMART目標でなくても結構です。目標とアクションが混在したようなもので十分です。1回の振り返りで、小刻みな目標は複数あげられるでしょう。それらすべてに承認が得られるような成果がなかったとしても、どれかの目標に対してしっかりとした承認があれば、強化学習の効果は得られます。

毎回の1on1で、これらの目標をシートに記入するのは面倒なので、記録に時間をかける必要はありません。ただ、次回の1on1での確認のためにも、メモ程度は残しておいた方がよいでしょう。また、業務を行う中で新たな目標やアクションを思いついたなら、その都度、追記しておくことが望まれます。

これからのビジネスにおいては、期初の目標必達を大命題に考えるよりも、小さな実験と検証を繰り返しながら1つずつ成果を積み上げるアジャイルなマネジメントを重視することが求められます。実験と検証の結果、「次はこうしてみよう」「こんなアプローチもあるのではないか」と、マネジャーとメンバーが未来指向で話し合う機会が頻繁に持たれることが重要なのです。

第6章

キャリア開発を支援する

個人のパフォーマンスを向上するためには、目の前の目標設定〜アクション〜振り返りを繰り返すだけでなく、将来的なキャリアビジョンを描き、そこに向けて前進している実感が持てることが重要です。それによって、今、ここで、これを行っていることに対する迷いが生じず、意味を感じながら仕事に邁進できるようになるからです。

26 マネジャー自身のビジョンを描く

「キャリアビジョン」という言葉に対して抱く印象は人それぞれ異なるかも知れません。具体的な職種や役職につくことをキャリアビジョンと考える人もいるでしょう。しかし、職種や役職といった外形的なことよりも、そこで自分が何にやりがいを感じることができ、どのように活躍しているかをイメージできることの方が重要です。それによって、自分の価値観が充足される状態が確認できるからです。

メンバー自身が明確なキャリアビジョンを持っているならば、マネジャーがその実現を支援することはそれほど難しくありません。「将来に向けて今のうちにこれを学んでおいたらどうか?」とか、「このプロジェクトに挑戦してみては?」とかいったように、アドバイスを提供したり、機会を作ってあげたりすることができるでしょう。

けれども、メンバー自身のキャリアビジョンが曖昧であったり、キャリアビジョンについてまったく考えたこともなかったりするケースの方が圧倒的に多いのが実情です。そのような場合には、ビジョンについて一緒に考えるところからメンバーを支援する必要があります。

ところが、当のマネジャー自身が、自分のキャリアビジョンを考えたことがないということも少なくありません。メンバーに対して、「将来のビジョンを教えて？」と尋ねたとき、逆に「○○さんのビジョンは何ですか？」と問い返されて、マネジャー自身が何も考えていなかったとしたら、メンバーは自分のビジョンもないマネジャーに支援してもらいたいとは思わないでしょう。マネジャーはただのコーチ役ではなく、みずからが実践者でなければならないのです。

マネジャーが自分の将来を描いて語ることができなければ、何をどのように支援すればよいか見当がつきません。そのため、メンバーに対するキャリア開発支援の前に、マネジャー自身が自分のキャリアビジョンをある程度は描いておくことが必要です。その後、メンバーのキャリア開発を支援しながら、自分のキャリアビジョンについても考え続けます。

キャリアビジョンを描くステップは、大きく分けて以下の3段階になります。

①自分を知る

そもそも、自分の「内の軸」を理解していなければ、それを活かした状態をイメージができません。そのための演習方法については、「第1章　自分を振り返る」で述べました。まず、これらを実践して自分の内的動機、価値観、思考・行動特性上の強みを整理してみましょう。

社会に出て長い期間、働いていると、知らず知らずのうちに「外の軸」が自分に染み込んでいます。たとえば、社会的な常識、会社の価値観、自分に与えられた役割に求められる行動などが「外の軸」です。「外の軸」は仕事をする上で当然、必要なものですが、キャリア開発でより重要なのはその人ならではの「内の軸」なので、「外の軸」に惑わされずにしっかりと自分を見つめることが求められます。

②環境を知る

自分を取り巻く今後の環境変化について考えてみましょう。自分が働く会社や業界は、皆さんのキャリア開発における舞台です。その舞台が今後、どのように変化していくかを自分なりに語れるようになることが必要です。もちろん、将来を正確に予測することは不可能ですが、自分のレンズを通して将来の変化がどのように見えるかを想像することが重要です。変化のシナリオは複数あっても結構です。

次に環境変化によって、自分に期待される役割がどのように変わっていくかを想像してみましょう。そのために現時点で、自分を取り巻く周囲から、自分に対して何が期待されているのかを再確認しておくことが必要です。自分自身で期待を整理するだけでも結構ですし、実際に周囲に聞いてみてもよいでしょう。そして、その期待が環境変化とともにどのように変わっていくかを考えてみましょう。

③ビジョンを描く

自分の「内の軸」を活かし、同時に将来の期待役割に応えている姿がキャリアビジョンです。その姿を空想のようにイメージします。論理的に考える必要はありません。「こうなっていたらいいな」とか、「こんな風に活躍したい」とかいった想像の世界で大丈夫です。その情景を表す言葉を書き出してみましょう。関連のある言葉を線で結んだりしながら、未来の世界を膨らませていきます。

キャリアビジョンは、最初は抽象的なもので結構です。たとえば、「すべてのお客さまから愛される存在になりたい」といったレベルからスタートしても構いません。少しずつ思いついたイメージを加筆して、段々と具体化させていきます。

描く時間軸は、若いうちは3年~5年先くらいが適当です。あまりに将来のことは、不確定要素が多すぎてイメージを具体化するのが難しいからです。シニアの年代になってくると、もう少し先（10年~15年）まで視野に入れた方がよいでしょう。家族などのプライベートの要因も含めて、自分の将来のライフやキャリアを規定する要因が、かなり先まで見通せるはずだからです。

キャリアビジョンは一度、作成して終わりではなく、たとえば誕生日や正月などの節目で定期的に更新していくのがよいでしょう。そのため、ビジョンは毎年、少しずつ具体的になったり、変化したりするものですが、キャリアビジョンを意識しながら行動していると、いつの間にか実現している部分が現れてくることにも気付くはずです。不完全なものでよいので、まず始めることが重要です。

27 マネジャーから自己開示する

マネジャー自身やメンバーの「内の軸」を理解するために、過去の経験を振り返ったり、最近の出来事についてリフレクションを行なったりする方法については、これまでに述べてきたとおりです。マネジャーはメンバーに対して質問したり、傾聴したりしながら、メンバーが自分自身の「内の軸」をより深く理解できるように支援することが必要です。

また、「内の軸」を探る手始めとして、エニアグラムなどの診断手法を用いてみてもよいでしょう。内的動機や価値観は言葉で表しづらいものなので、自己理解の糸口として、それらの手法を用いることも効果的です。書籍やインターネット上にたくさんの診断ツールが存在するため、手軽に利用できます。ただし、以下に述べるように、それらの結果が「内の軸」を正しく示しているとは限らないため、結果を鵜呑みにするのではなく、あくまでも対話の題材として考えた方がよいと思います。

実際にこれらの診断を行ってみると、メンバー本人の回答した結果とマネジャーの予想が大きくことなることも少なくないでしょう。もしかすると、マネジャーが見ていたメンバーの姿は、メンバーの本当の姿ではなかったのかも知れません。マネジャーにはメンバーの内面は見えないので、メンバーの内的動機や価値観が何かを外から決めつけてしまうのは良くありません。

しかし、メンバーの回答にさまざまなバイアスがかかっていて、診断の結果が本当の姿を表していない可能性もあります。たとえば、「親切な人」や「思慮深い人」など、自分のあこがれの姿があって、そんな自分になりたい気持ちが無意識に現れているのかも知れません。あるいは、学校や家庭での教育で「○○すべき」と教え込まれてきたことが深く染み込んでいたり、自分の今の立場上、「かくあらねばならない」という意識が強迫観念のようになっていたりする可能性もあるでしょう。

メンバーの「内の軸」を知るための情報は、メンバー自身の記憶や心の中にあるため、本人でなければ本当のところは理解できません。けれども、本人の固定観念が本当の自分を見つめることを妨げているのであれば、それを取り除かなければ本人にも自分の「内の軸」を正しく理解することができません。

そのためにマネジャーが支援できるのは、飾らない自然体の自分にもっとも価値があることをメンバーに知らせることでしょう。その方法として、マネジャーが自分の「内の軸」について自己開示するのも効果的です。自分の過去の体験やストーリーを打ち明けながら、自分がどのような時にやる気になって、どのような価値観を大切にしているかを語ってみましょう。

こちらが内面を深く開示するほど、相手も心の奥を開くことができるという、「自己開示の返報性」がよく知られています。たとえ、あなたのメンバーが何らかの固定観念に縛られていることに気付いたとしても、「それは固定観念だ」と指摘されると本人は反発するに違いありません。それよりも、マネジャー自身が自然体の自分を見せることの方が、はるかに効果的なのです。自己開示の率先垂範は、マネジャーのリーダーシップといえるでしょう。

28 マネジャー自身の固定観念を払しょくする

キャリアビジョンを描く際のもう1つの視点は、将来、自分に期待される役割をイメージすることです。若いメンバーが将来の役割を考える時、最初に思い浮かぶのは自分の上司の姿でしょう。

ところが最近、管理職になることを希望しない若手社員が増えています。その理由は、自分の上司や他のマネジャーの姿を見ていて、自分は「ああいう風になりたくない」とか、「あんな働き方はできない」と感じてしまうことにあります。マネジャーたちがロールモデルになり得なければ、若手社員は将来の自分の姿をイメージすることが難しくなり、現在の役割の延長線上のビジョンしか描けなくなってしまいます。

もちろん、自分の上司や他のマネジャーと同じようになることがキャリアビジョンではありません。もし管理職になるにしても、自分らしい管理職像を描いて、自分らしく活躍すればよいわけなので、現在のマネジャーたちと同じ姿を目指す必要はまったくありません。

けれども、現実のマネジャーたちが同質的で、疲れていて、仕事を楽しんでいないように見える状態では、どれだけ「自分らしい管理職を目指せばよい」と言われても、現実味を感じないでしょう。そのため、マネジャーがメンバーのキャリア開発を支援する前提として、マネジャー自身が自分らしい姿を見せていることが必要になります。

したがって、マネジャーがメンバーのキャリア開発を支援するということは、裏を返せば自分自身のキャリア開発を行うことでもあるのです。マネジャーが自分らしく活躍することができれば、メンバーに対するキャリア開発支援も自然に行うことができます。そのため、「26：マネジャー自身のビジョンを描く」で掲げたステップについて何度も繰り返し考えてみることが必要です。

その際に自分の「内の軸」を確認して自己開示することの必要性は、先に述べたとおりですが、もう1つ重要なポイントは自分の枠を意識的に取り払うことです。

歴史の長い会社で、同質性の高い風土の中で育ってきたマネジャーほど、皆が同じように考え、同じように行動しがちです。確立されたレガシービジネスに長年、携わってきたマネジャーはなおさら、これまでの固定観念から簡単には抜け出せません。そのため、将来の環境がこれまでとは不連続に変化することが想像できず、メンバーと同様に現在の役割の延長線上のビジョンしか描けなくなってしまうのです。

自分の発想の枠を打破するために、社外や他業界のネットワークを広げて自分にはない視点を取り入れることも効果的でしょう。普段、触れないような情報に対するアンテナを高くすることも必要です。その上で、自社を取り巻く将来の環境変化についてじっくりと考えてみてください。その際には、以下の3つの「ない」に着目することが重要です。

- これまでの常識からすると「ありえない」と見過ごされそうな将来の環境変化を想像してみましょう。おそらく、その環境変化はかなりの確率で起こります。
- これまでの常識では意味が「わからない」世の中のトレンドに注目してみましょう。おそらく、そのトレンドはあなたの仕事にも大いに関連する可能性があります。
- これまでの常識では「できっこない」チャレンジに会社が挑む可能性を考えてみましょう。おそらく、その挑戦は実現可能です。

このように想像した環境変化をもとに、将来の自分の役割を考えてみましょう。あなたはどのような役割を果たすことが可能でしょうか？

マネジャーが自分自身の可能性を広げて考えることができるようになれば、メンバーの可能性を広げるための支援もできるようになります。

29 強みの発揮を鼓舞する

キャリアビジョンを描いたら、その実現に向けたアクションを明確にすることが必要です。メンバーのアクションを支援する際のポイントは、強みの発揮を鼓舞することです。

メンバーの強みの発揮を促す必要性については、本書でこれまでに何度も述べてきました。日常的な1on1では、日々の仕事における経験学習支援を通じて、メンバーの強みの発揮行動を強化することが重要です。キャリア開発支援も同様に、メンバーが強みを伸ばして成長することを支援します。キャリアビジョンとは個人の強みが花開いた状態を表すものだからです。

これらの経験学習支援とキャリア開発支援は、時間軸がそれぞれ短期、中長期と異なるように感じられますが、支援を行うのは現時点であるという点で共通しています。目指す姿が1年後であれ、5年後であれ、アクションを行うのは「今」だからです。1年後のアクションは、1年後にならなければ実際には行われません。

キャリアビジョンの実現に向けたアクションというと、何かの資格を取るとか、必要な知識を身に付けるとかいった、スキルアップのための準備を想像する人もいるかも知れません。大学に入るために受験勉強をするように、ビジョンの実現というゴールに到達するために何かを準備することがキャリア開発のアクションというイメージを持っていたとするなら、その考え方を切り替える必要があります。

キャリア開発には明確なゴールがあるわけではありません。仮に何かのゴールを定めたとしても、そこが終点ではありません。キャリア開発は継続的なプロセスなので、人生を全うするまで終わりはありません。

キャリア開発におけるアクションはゴールから逆算するのではなく、キャリアビジョンという方向性を持ちながら、今、自分の強みを発揮しながら伸ばすことです。「12：ポテンシャルを知る」で紹介したトマトの例のように、出発点は自分の内側にあるのです。

そのため、今期の目標の達成に向けたアクションも、今の行動という点では共通しています。むしろ、目の前の仕事における強みの発揮の繰り返しが目標の達成につながり、目標の達成の繰り返しがキャリアビジョンの実現につながるという関係がしっかりと構築できれば、それがもっとも望ましいことです。

このように強みの発揮ばかりを強調していると、弱みや改善点はどうするのかと疑問に持たれる読者もいるでしょう。もちろん、弱みをまったく無視してもよいわけではありませんが、その人の強みが十分に発揮されていたなら、多少の弱みはあまり気にならなくなります。

誰にでも強みもあれば弱みもあります。そのため、弱みがあることは自然なことです。しかし、価値を生むのは強みであるため、弱みを改善することに多大な労力を使うよりも強みを伸ばした方がはるかに生産的です。よほど、弱みがその人の評価を下げてしまっている（つまり、強みの足を引っ張っている）のでなければ、改善の優先度は高くないと考えるのがよいでしょう。

かつては、会社の求める人になることが個人の価値を高めることでした。つまり、個人の本来の姿にはそれほど価値が見出されていなかったのです。会社が求める尺度に照らして、個人の価値が決められました。しかし、不確実性の高いこれからの時代には、会社が求める人材を大量に養成したからといってパフォーマンスが向上するわけではありません。むしろ、個人本来の価値が発揮された方が、会社にとってもメリットがある時代なのです。そのため、マネジャーはその人らしい尖ったメンバーを育てようとする意識を持つことが必要です。

30 サポートネットワークを作る

強みを活かしてアクションを行うのは本人です。しかし、あたかも修行僧のように、1人で黙々とアクションを続ければよいわけではありません。仕事はさまざまな人との関わりで行われるため、実際のアクションは多くの人々と関わりを持ちながら実行されるはずです。

その際に、直接的であれ間接的であれ、アクションの実行を支援してくれるサポーターの存在が重要になります。その支援は、声をかけてもらえるだけの応援でも、何か有益なアドバイスをもらえることでも、実際に手助けをしてくれることでも何でも構いません。仕事はコミュニケーションの連鎖によって行われるため、そのネットワークの中に、自分のアクションに対して前向きな影響を与えてくれる人が何人もいれば、強力な後押しになります。

もちろん、上司であるマネジャーがメンバーの支援者となる必要がありますが、直接のライン上の上司以外にも、メンター的存在の先輩や同僚などにもサポーターになってもらった方がよいでしょう。そのため、アクションを検討する際には自分1人で行うアクションだけではなく、これらのサポーターの力を借りるアクションについても考えてみることが有益です。

そこで、マネジャーは可能な限りメンバーのサポートネットワーク作りに協力する必要があります。それによって、マネジャーだけで支援を行うよりも成果が高められるからです。マネジャーから他のメンバーに対して協力を要請することもできますし、メンバーとあまり関わりがない他部門の専門家などを紹介してあげることもできるでしょう。

マネジャーが自分1人ですべてのメンバーの支援を一身に引き受けようとすると、負担も大きく時間的な限界もあるため、他の人の力をうまく借りる工夫をすることが得策です。メンバーどうしにお互いに協力させるような依頼をすることによって、マネジャーが直接的に支援しなくても相互支援がなされるような状態が理想です。サポートネットワーク作りは本人のためだけではなく、マネジャーのためにもなるのです。

そのために、将来のキャリアビジョンについて、マネジャーとメンバーの間だけではなく、時にはチーム内で共有するような場を設けることも効果的です。それによって、メンバーどうしが互いに互いのサポートネットワークに参加することが促されます。

また、メンバーが強みを発揮した行動によって成果をあげたとき、マネジャーだけではなく他のメンバーからもポジティブフィードバックを行うことができれば、フィードバック効果はさらに高まるでしょう。フィードバックすることによってフィードバックがもらえるというギブアンドテイクを積極的に促していくことが求められます。チーム内にフィードバックカルチャーを作ることによって、マネジャーからの支援をさらに増幅することができるのです。

第7章

チームパフォーマンスを最大化する

1on1はマネジャーとメンバーの1対1の対話の場です。そこでは個人のパフォーマンスの向上に主眼が置かれます。チーム全体のパフォーマンスを高めるために、個々人のパフォーマンスを向上することは必須ですが、それだけでは十分ではありません。マネジャーはメンバー間のコラボレーションによって、チームパフォーマンスを高めることにも努めなければなりません。

31 心理的安全の場を作る

「心理的安全」とは、自分の思ったことを気兼ねなく発言できる組織の雰囲気を指しています。「こんなことを言ったらばかにされるのではないか」とか、「非難されるのではないか」とかいったリスクを感じる雰囲気の中では、自分の思ったことを気兼ねなく発言することができません。あるいはリスクを感じるのではなく、「こういう発言をすれば相手が気を悪くするのではないか」とか、「相手の立場を損なうのではないか」とか慮りすぎる風土でも同様に自由な発言をすることがはばかられるでしょう。

このような組織の雰囲気がなぜ問題なのかというと、心理的安全がチームのパフォーマンスを大きく左右することがわかっているからです。心理的安全の概念はかなり以前から提唱されていますが、最近になってグーグルが社内で成功するチームの要因を分析したところ、心理的安全がもっとも重要なファクターであったことが検証されたと発表したため、あらためて注目されています。

チーム内で自由な発言が行われるようになるためには、異なる意見があって当然という考え方が共有されている必要があります。たとえば、顧客への対応方針について話し合う際に、「お客様が誰であれ親身になって話を聞くべきだ」と主張する人がいるかも知れませんし、「顧客の重要度に応じてメリハリをつけることで効率的に対応すべきだ」と主張する人もいるかも知れません。

どちらの対応がより望ましいかは、両方の意見を比較検討してみなければわかりませんが、「顧客の声をすべて聞いていては仕事にならない」と即座に否定されてしまっては、最初から選択肢が狭められてしまいます。単なる二者択一ではなく、より適切な第3の案があるかも知れませんが、それを見出す可能性も閉ざされてしまいます。

「異なる意見があることは当然」とチームのメンバーが思えるためには、何を大切に感じるかという価値観が、1人ひとり違っていることが理解されていなければなりません。価値観が異なるから、意見が異なるのです。メンバーの価値観はもともと多様であるため、その多様性を尊重するチームの状態が作られる必要があります。

そのためにはまず、1on1においてマネジャーがメンバーの価値観を尊重することから始めなければなりません。メンバーにとっては、自分の価値観が尊重されるから他者の価値観も尊重しようと思えるからです。

１on１におけるマネジャーとメンバーの対話は1対Nの関係にありますが、チームメンバーどうしで相互理解を深めるためには、N対Nの対話の機会も必要です。そのために、業務上のコミュニケーションから離れて互いの価値観を語り合うような場を設けることも有益です。そこでは、たとえば、これまでにもっとも充実した体験や最近にあった誇れることを披露し合ってもよいでしょう。

従来の管理型のマネジメントスタイルに慣れたマネジャーには、そのような場のファシリテーションを行うことに抵抗があるかも知れません。けれども、１on１での対話の経験を重ねれば、次第に感触もつかめてくるはずです。ピープルマネジメントはマネジャーにとっての経験学習であるため、何事も躊躇せずにトライしてみることが重要です。

32 目標をオープンにする

「24：コラボレーションを目標に織り込む」でも述べましたが、従来の目標管理では個人目標が1人ひとりに閉じていて、他の人には関係のないことと考えられてきました。そのため、個人の目標をあえて広く公開する必要性はあまり感じられなかったと思います。

その結果、誰がどういう目標を設定しているかよくわからない状態が当たり前でした。会社やチームによっては、チーム内で目標を共有しているところも少数存在しますが、チームを越えた目標の共有まで行っている例はめったに見られません（明確なデータは存在しませんが、筆者がいつも人事向けセミナーで質問して挙手してもらっている経験からすると100社中1社あればよい程度です）。

ある調査によると、目標を周囲に公開することでその達成度が高まることがわかっています。さらに、進捗度まで公開するとより達成度が高まります。

他の人の目標がわからなければ、それに対して協力しようとするきっかけもなく、他者の目標に対して無関心な状態が固定化されてしまいます。また、個々人の目標が周囲から見えない状況では、本人のコミットメントも十分に高まりません。

周囲から目標が見られていると感じることによって、目標を達成することへの動機付けが強められます。周囲に「やるぞ」と宣言したことは、さぼらずにやろうとするからです。そのコミットメントは、本人の意欲に影響するだけではなく、周囲の感じ方にも影響を及ぼします。

他のメンバーが自分の目標にコミットしていると感じることによって、その人を信頼しようとする気持ちが強化されるのです。目標が達成されるかどうかはともかく、「あの人は目標達成に向けてがんばっている」と思えるだけで、チームの一員として尊重する意識が高められます。

さらに誰か1人だけではなく、皆が目標を公開することによって、尊重して協力し合おうとするカルチャーが促進されます。このことは、働き方にも影響を及ぼします。働く場所と時間を本人がコントロールしても、心配しなくて済むのです。

メンバーが目標にコミットしているかどうかわからない状況では、たとえば在宅勤務で目の届かないところで仕事をしていると、マネジャーは不安に感じるに違いありません。

本当にしっかりと仕事をしている確信が持てないからです。しかし、1人ひとりのメンバーが自律的に目標を追っているという安心感があれば、どこにいようと気にならなくなります。

もちろん、個人の目標を公開しただけですぐにこれらのことが実現されるわけではありません。1on1を繰り返すことによって、メンバーの自律性を高めていく継続的な努力が必要です。しかし、少なくとも個人の目標がブラックボックスになっている状態では、チーム内での相互信頼が生まれにくいのは間違いありません。

最後に当然ながら、マネジャーの目標と進捗状況は真っ先に公開されなければなりません。マネジャーの目標が公開されなければチームの方向性やプライオリティがメンバーには伝わりません。さらに進捗状況が公開されることによって、チームの現状がメンバー間で共有されるようになります。それによって、1人ひとりがチームパフォーマンスを高めるための方策を考えることが促されるのです。

33 意図的にコンフリクトを起こす

意図的にコンフリクトを起こすといっても、もちろん争いごとをけしかけようというわけではありません。異なる意見が対立する状況を意図的に作る必要があるということを述べています。それによって、より適切な意思決定が可能になるのです。

特に伝統的な企業では、長年の歴史による思考の同質化が進行しているため、意見の対立を意図的に起こす必要性がより高いといえます。そのままにしておくと、皆が同じような見方や考え方をしてしまって、変化を生み出すようなアイデアがなかなか生まれてこないからです。

これまでとは異なる新たなビジネスを創造する場合は、なおさらその必要性が高まります。従来の延長線上の発想に凝り固まっていては、機敏に実験と検証を繰り返すことができません。何が最適な意思決定かは、やってみて、その結果を分析してみなければわかりませんが、その前提として多様な意見がテーブルに上げられていることが必要です。

また、単に多様な意見が出されているだけではなく、それらの意見をぶつけ合わせることによって、それぞれの視点や意見を融合させたり発展させたりすることができるようになります。つまり、積極的な実験を行うためのアイデアの質が高められるのです。

そこで、マネジャーはまず、メンバーをチームの意思決定に参加させ、議論する場を設けなければなりません。そのような場で共通のテーマについて議論することによって、コンフリクトを起こす機会が生まれます。ただし、その場での議論は意見のぶつけ合いであって、人格や価値観の非難になってはならないことは言うまでもありません。

ここでもマネジャーのファシリテーションが重要になります。最初に心理的安全の場を作ることが必要です。どんなに些細なことであっても、気づいたことは発言してほしいと促します。あまり自己主張をしないメンバーのモヤモヤした感覚の中に、他のメンバーが気づいていない視点が隠されていることも少なくありません。マネジャーはメンバーの表情を見ながら、そのサインを見つけ出す必要があります。

各人の意見がテーブルに上げられたら、マネジャーは対立点を明確に示します。そこでいきなりメリットとデメリットを比較して、どちらにすべきかを判断するようなことはせずに、各人になぜそう考えるのかと理由を尋ねることが求められます。議論を深めるためには、その意見の裏にある状況認識や価値観を共有する必要があるからです。

結論を出す際には、マネジャーの意見を押し付けてはいけません。かといって、結論が出るのをただ待っているだけでもいけません。メンバーどうしの議論をよく聞きながら、最終的な決断を下すのはマネジャーであるべきです。斬新なアイデアほどリスクも高いため、他責にせずマネジャーの責任で判断されることが必要です。

議論の際には自由に意見をぶつけ合っても、ひとたび結論が出たならば全員がわだかまりなくその決定に従わなければなりません。議論は自由に行い、決まったらコミットすることが意思決定のルールであることを、マネジャーは事前に伝えておく必要があります。

34 コラボレーションをデザインする

環境変化のスピードが速くなってくると、チームレベルでも個人レベルでも機敏な意思決定が求められます。しかも、不確実性の高い状況下での意思決定は、従来のレガシービジネスにおける意思決定よりもはるかに難易度が高まっていくでしょう。それに伴って、限られた情報や専門性しか持っていないメンバーが、自分1人で最適な意思決定を行うことがますます難しくなっていきます。

そのため、すべてをメンバー1人で行おうとするのではなく、コラボレーションを効果的に組み合わせることがたいへん重要になります。1on1自体がマネジャーとメンバーとのコラボレーションでもあります。アジャイルな意思決定が求められるために、頻繁な1on1が必要とされているのです。

1on1の場において、目標設定時におけるコラボレーションを促したり、サポートネットワーク作りを支援したりすることによって、マネジャーがメンバーのコラボレーション機会を増やしていく支援を行う必要があることはこれまでにも述べました。そのようにメンバーと誰かのコラボレーションを促進していくだけでなく、チームレベルでのコラボレーションをうまく組み込んでいくことも必要とされています。

「33：意図的にコンフリクトを起こす」では、メンバー全員が集まって議論する場の必要性について述べましたが、それもコラボレーションの場です。これからは、チームとしての意思決定を行う際に、いかに有益な情報を豊富に有しているかがますます重要になります。チームの全員が同じ課題に取り組んでいては、得られる情報が限られてしまいます。そのため、メンバーが手分けして情報を収集・分析する役割分担が重要になるのです。ある時には全員で議論し、議論の結果に基づいて役割分担を決め、その役割分担に基づいて各人が散らばって情報を収集・分析するという、協業と分業を組み合わせる仕事の仕方をいかにうまくデザインするかが、チーム全体の成果を左右するといっても過言ではないでしょう。

従来の目標管理における全体会議では、目標の達成度を確認することに多くの時間が割かれていましたが、これからは意思決定と次の意思決定のための役割分担を決める場として位置づけられることが必要です。そのような協業と分業を短サイクルで繰り返すことで、チーム全体として環境変化にアジャイルに対応することができるようになります。

また、集合型の会議以外でも、パソコンやモバイル端末を用いたコラボレーションツールを有効活用することによって、リアルタイムでの情報共有やオンラインでの意思決定も可能になります。これからのマネジャーは、そのようなコラボレーション全体を効果的に機能させるためのトータルデザインを、常に考える必要があるのです。

35 意欲的なゴールを描く

チームパフォーマンスを高めるためには、チームのメンバーが、そもそもチームが何を目標にしているかを理解していなければなりません。また、単に理解しているだけではなく、その達成に対してコミットする意識が必要です。

しかし、多くの会社において、メンバーが自分の目標に関心はあっても、チーム全体の目標にはあまり関心がない、という状態に陥ってしまっていることも少なくありません。その理由は、チームの目標自体がその上の部門から割り振られたものであり、しかも毎年、たいして代わり映えのしない目標だからです。「またいつもの目標か」と感じられる状況では、チームの目標にあまり関心が持てなくなってしまうのも当然のことといえるでしょう。

「21：目標を与えない」で述べたように、メンバー個人の目標は上から割り当てられるものではなく、チームの目標達成のために何によって貢献したいかをみずから考えるべきものです。しかし、チームの目標自体が代わり映えしない目標であったとすると、その目標達成に貢献したいという意欲がわかないこともやむを得ません。関心が持てないのはメンバーのせいではないのです。

したがって、マネジャーは意欲的な目標を設定しなければなりません。もちろん、その目標はただ大風呂敷を広げればよいわけではなく、上手に行動すれば達成可能な目標であることが必要です。さらに、チームの目標はマネジャー自身がやりたいという意欲を込めた目標でなければなりません。さもなければ、マネジャーの熱意がメンバーに伝わらないからです。

チームの目標設定の過程にメンバーを参加させることも効果的でしょう。ただし、決定するのはマネジャー自身です。チームの目標はさらにその上位組織の目標に貢献するものでなければなりません。マネジャーは自分の上司に対して、なぜその目標が重要かという戦略的な理由を明確に説明し、合意を得なければなりません。

そうはいっても、うちの会社では売上目標が上から下りてくるので、意欲的な目標を設定せよといわれても現実的でない、という反論もあるに違いありません。しかし、「23・網羅的でなく特定する」でも述べたように、売上目標は結果であって、それだけでは意味のある目標にはなりません。

その売上目標を、自分のチームは何によって達成するかを、より具体的な目標として設定してマネジャーの上司にぶつけてみましょう。その説明が理に適っていて、マネジャー自身の熱意があれば、たいていの上司は耳を傾けてくれるはずです。これまでの通例に縛られず、できることから行動してみましょう。

どれだけ1on1でうまくメンバーとコミュニケーションできたとしても、マネジャーがチームの方向性を指し示すことができなければ、メンバーは信頼してついてきてはくれません。マネジャーがチームの目標について真剣に考えれば、その意志はメンバーに伝わります。意欲的なゴールを描くことが、マネジャーにとっての最大のリーダーシップといえるでしょう。

終章

ピープルマネジメントチェックリスト

2 | マネジャーの役割を認識する

- □ マネジャーの役割は管理者ではなくメンバーの支援者であることを常に意識しましょう。

- □ 成長し成果をあげる主役はメンバーであり、マネジャーは主役になり得ないことを認識しましょう。

- □ 組織の上位者であるがゆえに、マネジャーにできる支援は何かを考えましょう。

- □ 自分自身の強みを活かしたマネジメントスタイルやメンバーへの支援の方法を考えましょう。

- □ 個々のメンバーの自律度合いに応じて、支援の仕方をどのように変えるべきかを考えましょう。

- □ 自分自身が試行錯誤することによってのみ、マネジメント力が向上することを理解しましょう。

- □ マネジャーの責任は、最終的にはチームパフォーマンスを高めることにあることを認識しましょう。

- □ チームパフォーマンスを最大化するために、各メンバーに対して期待する役割を明確にしましょう。

ピープルマネジメントチェックリスト

事前に行うこと

1 | 自分を振り返る

- □ 自分の現在のモチベーションが外的要因によって左右されていないか確認してみましょう。
- □ 過去の充実体験を振り返って、自分が何にやりがいを感じていたかを思い出してみましょう。
- □ 過去の充実体験を振り返って、上司からどのような支援が得られたかを思い出してみましょう。
- □ 過去の決断を振り返って、何が選択の基準であったかを思い出してみましょう。
- □ 過去の成長体験を振り返って、成長したと感じられる時までにどのような経験学習の積み重ねがあったかを思い出してみましょう。
- □ 過去の成長体験を振り返って、なぜ成功するまで続けられたのかを思い出してみましょう。
- □ 自分が今でも経験から学び続けているかを自問自答してみましょう。
- □ ついて行きたくないリーダーを思い浮かべ、自分自身がどのようなリーダーシップを発揮したいかを考えてみましょう。

4 リフレクションを支援する

- □ 毎回の1on1で、前回からの実績を棚卸しし、その実績を土台とした次の中間目標とアクションを複数検討しましょう。
- □ アクションを考える際には、行動しながら軌道修正するというアジャイルなアプローチを重視しましょう。
- □ メンバーが自分の強みを発揮した行動は、その成果が小さなものであったとしても、しっかりと承認（ポジティブフィードバック）を行いましょう。
- □ メンバーに対する承認の機会を見つけるために、前回の1on1以降でメンバーが充実感を得られた場面について尋ねましょう。
- □ 1on1の最初に、最近、メンバーが行った望ましい行動をねぎらいましょう。
- □ 期待通りにいかなかったモヤモヤした結果について、メンバーが自分自身で振り返ることを促しましょう。
- □ 振り返りを行う際には、マネジャー自身もメンバーと一緒に考え、メンバーが振り返りを深めることを支援しましょう。
- □ チームの方針に反する望ましくない行動に対しては、率直な姿勢でネガティブフィードバックを行いましょう（ただし、事前に方針を明確に示していることが前提です）。
- □ 目標の達成度にとらわれ過ぎず、パフォーマンス向上のためにメンバーの強みを活かして積極的な実験を行うことを促しましょう。
- □ メンバーに対してアクションの段階でどのような支援が必要かを尋ね、マネジャーも一緒に伴走する意志があることを伝えましょう。

ピープルマネジメントチェックリスト

1on1で行うこと

以下は毎回すべてを実施するのではなく、その時の必要性に応じて対話のテーマを選択します。

3 | メンバーを理解する

- □ 1on1においては自分の主張から始める「議論」ではなく、メンバーを理解することから始める「対話」を心掛けましょう。
- □ メンバーの成長とはその人ならではのポテンシャルを伸ばすことであり、そのポテンシャルは「内の軸」に秘められていることを認識しましょう。
- □ その人らしい「違い」を見つけようとする意識を常に持ち、「違い」の存在を認めましょう。
- □ メンバーの「内の軸」の輪郭がくっきりと描けるまで、角度を変えながら質問・傾聴・推論を繰り返しましょう。
- □ 毎回の1on1において、メンバーのモチベーションの状態がどれくらいのレベルにあるかを把握し、その要因を理解しましょう。
- □ プライベートの事情も、教えてもらえる範囲で理解するようにしましょう。
- □ マネジャー自身もメンバーとの対話から気づきを得て、自分の成長に活かそうとする姿勢を持ちましょう。

6｜キャリア開発を支援する

- □ 自分らしい将来像をイメージすることの大切さをメンバーに伝え、まずは自分を知るところから始めることを支援しましょう。
- □ メンバーが周囲から何を期待され、どのような役割を担うことが求められるかを自分自身で考えることを促しましょう。
- □ キャリアビジョンは一度、描いたら終わりではなく、定期的に更新していく必要があることを伝えましょう。
- □ メンバーの自己理解が深まるように、マネジャーから率先して自己開示をしましょう。
- □ マネジャー自身が、自分らしく活躍している姿を常に示すことを心掛けましょう。
- □ マネジャー自身が、「ありえない」「わからない」「できっこない」といった思考の枠を外すことを意識しましょう。
- □ その人らしい強みを突出させることが、メンバーのためにも会社のためにもなることを認識しましょう。
- □ マネジャーだけがメンバーのキャリア開発を支援するのではなく、メンバーのサポートネットワークを作ることを支援しましょう。

ピープルマネジメントチェックリスト

1on1で行うこと

5 | 目標設定を支援する

- □ メンバーに対して上から目標を与えるのではなく、上位組織の目標に貢献するために自分は何を目標として設定したいかを考えさせることを促しましょう。
- □ メンバーが自律的に目標設定できるようになるのは一朝一夕にはいかないため、時間をかけた育成が必要になることを認識しましょう。
- □ 大きな環境変化や目標の前提変化が起こった時に、今の目標を続けるか、見直すかを本人に考えさせるようにしましょう。
- □ 単なる結果指標だけではなく、その結果を達成するための成功要因を目標に含めることとし、何が成功要因かについてメンバーとよく話し合いましょう。
- □ 目標を個人に閉じて考えるのではなく、コラボレーションする可能性のある人と話し合って設定することを促しましょう。
- □ 期中における中間目標は達成可能な小刻みな目標を設定することで、行動強化のための承認頻度を増やすことを重視しましょう。

チームに対して行うこと

7｜チームパフォーマンスを最大化する

- □ メンバーが自分の思ったことを気兼ねなく発言できる「心理的安全」が、チームのパフォーマンスを高めることを理解しましょう。
- □ 心理的安全の場を作るために、メンバーどうしが互いの価値観を共有し合うための機会を設けましょう。
- □ 個人の目標と進捗状況はチーム内で公開し、相互に信頼し合える土壌を作りましょう。
- □ マネジャー自身の目標と進捗状況は、真っ先に公開しましょう。
- □ 多様な意見をテーブルに上げ、自由に議論し、結論が出たら全員がコミットすることを意思決定のルールとしましょう。
- □ 意思決定のための情報収集や分析をメンバー間で役割分担し、協業と分業を効率的に行えるコラボレーションの方法を設計しましょう。
- □ マネジャー自身の熱意のこもった、戦略的なチーム目標を設定しましょう。

おわりに

本書に記したピープルマネジメントの要点は、実際の企業研修において数千人に対して行ってきた内容からメッセージを凝縮したものです。

前作の「人事評価はもういらない－成果主義人事の限界」（ファーストプレス、2016）を執筆した際も、当初はピープルマネジメントをテーマにする予定でした。しかし、前回、年次評価廃止について取り上げたのは、まず成果主義人事の目標管理・評価の制度が変わらなければ、ピープルマネジメントの浸透も難しいという問題意識からでした。

前作から1年半が経過して、日本企業においてもようやくパフォーマンスマネジメント変革の動きが少しずつ出始めています。特に本書のタイトルとなっている1on1（ワンオンワン）を導入しようとしている企業は増え続けています。日本企業におけるマネジメントも失われた20年を経て、ようやく転換期を迎えていることを喜ばしく思っています。

これまでの枠組みから抜け出し、新しいことにチャレンジしなければイノベーションは起こりませんが、そのためには現場におけるマネジメントの役割が重要です。マネジメントが変わらなければ、メンバーのマインドや行動も変わらないため、まずマネジャーから変革を起こすことが不可欠です。その際の新たなマネジメントの方法論となるのがピープルマネジメントです。

１on１を導入する際、現時点で体系的なテキストとして活用できる書籍はあまりないため、本書はマネジャー自身に対する教材として用いられることを意図して記述しています。ピープルマネジメントスキルは実践しなければ高まりませんが、何を実践すればよいかのヒントとして本書を活用していただければ幸いです。

もちろん、会社の制度として１on１が導入されていなくても、ピープルマネジメントは実践可能です。あるいは、まだマネジャーになっていない方にとっても、自分自身を成長させてパフォーマンスを高めるための視点が本書から数多く得られるはずです。

本書およびその元となった研修コンテンツを作るに当たって、多数の書籍や論文を参考にしていますが、本書ではあえて細かな参考文献は記載していません。人事向けの専門書としてではなく、あらゆる方に読んでいただきやすい構成と文体にすることを念頭に置いて執筆しました。

前作と同様にHRエグゼクティブコンソーシアム代表の楠田祐氏には、「出版に寄せて」の執筆を快くお引き受けいただいたことを感謝します。ファーストプレス代表の上坂伸一氏には、いつものように企画から出版までスピーディに対応していただいたことをお礼申し上げたいと思います。

最後に、これまでの私の活動に関与していただいた大勢の方々から得られた知見がなければ本書ができなかったことに謝意を述べたいと思います。

松丘　啓司

2018年3月

【著者プロフィール】

松丘 啓司（まつおか・けいじ）

エム・アイ・アソシエイツ株式会社 代表取締役

1986年、東京大学法学部卒業。アクセンチュアに入社し、50件以上の企業変革プロジェクトに参画。同社のヒューマンパフォーマンスサービスライン統括パートナー、エグゼクティブコミッティメンバーを歴任後、2005年にエム・アイ・アソシエイツ株式会社を設立。同社では内発的変革をテーマに、パフォーマンスマネジメント、ダイバーシティ&インクルージョン、ピープルマネジメント、キャリア開発、経営意思決定などの領域における企業研修とコンサルティングサービスに従事。

主な著書に、『組織営業力』『論理思考は万能ではない』『アイデアが湧きだすコミュニケーション』『ストーリーで学ぶ営業の極意』『人事評価はもういらない―成果主義人事の限界』（以上ファーストプレス）、『提案営業の進め方』（日経文庫）などがある。

1on1マネジメント

どこでも通用するマネジャーになるためのピープルマネジメント講座

2018年5月10日 第1刷発行

2021年10月15日 第4刷発行

◉著　者 松丘 啓司

◉発行者 上坂 伸一

◉発行所 株式会社ファーストプレス

〒105-0003 東京都港区西新橋1-2-9 14F

電話 03-5532-5605（代表）

http://www.firstpress.co.jp

装丁・デザイン　遠藤陽一（デザインワークショップジン）

DTP　株式会社オーウィン

印刷・製本　シナノ印刷株式会社

ISBN 978-4-86648-009-1